행복한 우동가게

초판 1쇄 발행 2025년 11월 29일

지은이 강순희
그린이 이은영
펴낸이 장현수
펴낸곳 메이킹북스
출판등록 제 2019-000010호

디자인 홍규선
편집 홍규선
교정 안지은
마케팅 김소형

주소 서울특별시 구로구 경인로 661, 핀포인트타워 912-914호
전화 02-2135-5086
팩스 02-2135-5087
이메일 making_books@naver.com
홈페이지 www.makingbooks.co.kr

ISBN 979-11-6791-788-1(03810)
값 16,800원

ⓒ 강순희 2025 Printed in Korea

잘못된 책은 구입하신 곳에서 바꾸어 드립니다.
이 책의 전부 또는 일부 내용을 재사용하려면 사전에 저작권자와 펴낸곳의 동의를 받아야 합니다.

"이 책은 충주시, 충주문화관광재단의 후원을 받아 충주문화예술지원사업의 일환으로 발간되었음"

홈페이지 바로가기

메이킹북스는 저자님의 소중한 투고 원고를 기다립니다.
출간에 대한 관심이 있으신 분은 making_books@naver.com으로 보내 주세요.

행복한 우동가게
손바닥만 한 이야기

강순희 지음

메이킹북스

머리말

언제부터인가 내 행주치마 속에 들어 있는 이야기들이 밖으로 나오려고 애를 쓰기 시작했다. 우동집 아줌마가 우동만 잘 끓이면 되지 무슨 글을 쓰겠어. 딴에는 그렇게 생각하며 웃고 넘겼지만, 머리끝에서 발끝까지 밀가루 범벅으로 지내는 삶, 밀가루 포대를 뒤집어서 쓰면 가루가 되어버릴 것 같은 나날들, 등줄기에 흐르는 끈적한 땀방울들이 어느 날부터 서로 뭉치고 얽혀 반죽이 되라고 말하는 듯했다.

곰표 밀가루 포대 속에 들어 있는 보이지 않는 입자들, 잡을 수 없는 그 하얀 얼굴들이 내게 그렇게 기원하는 듯했다. 서로서로 맨살을 비비며 온화한 삶으로 살아가기를, 거기엔 때론 눈물로 때론 땀방울로 간을 맞추기도 했다. 반죽 덩어리를 만지며 저항하지 않는 묵직함을 배웠다. 뭉칠 수 없어 슬펐던 날, 흩어져 있어서 외로웠던 날…. 간혹 포대에 담긴 밀가루로는 어둡고 갑갑해서 외출을 꿈꾸기도 했다.

내 손으로 뽑아낸 우동 가락이 얼마나 길까? 그 우동 가락을 이어가면 세상 모든 곳으로 갈 수 있지 않을까? 산도 넘고 강도 넘어 세상 끝까지…. 그렇게 날마다 밀가루 반죽하면서 나는 사람들이 들려주는 자잘한 이야기들을 서툰 솜씨로나마 받아 적기 시작했다. 또렷하게 와 닿은 말들은 길고 긴 면

발로 이런 이야기를 엮었다. 조미료도 넣지 않고 화장도 하지 않는 생밀가루로 반죽한 소박한 얼굴의 이야기를. 그렇게 이제 내게 이야기를 들려주었던 소중한 사람들에게로 다시 돌아가기를 소망해 본다.

목차

머리말   5

1부
공원 앞 우동가게

| 한 가락 | 아주 특별한 외출   12
| 두 가락 | 우산 크기만큼의 삶   22
| 세 가락 | 봄에는 비가 온단다   27
| 네 가락 | 어떤 주정꾼   33
| 다섯 가락 | 느티나무는 아버지 그늘   38
| 여섯 가락 | 캄캄한 밤, 우동을 생각한다   45
| 일곱 가락 | 비 오는 밤 너무 좋습니다   50
| 여덟 가락 | 버섯 양산을 쓴 집   57

2부
느티나무 손님

아홉 가락	매디슨 카운티의 다리	70
열 가락	책상 뼈 소리 듣는 날까지	80
열한 가락	저 눈이 모두 쌀이라면	87
열두 가락	아내를 찾습니다	93
열세 가락	오토바이와 함께 사라지다	98
열네 가락	세상에서 가장 조그만 출판 기념회	106
열다섯 가락	꽃고무신과 개나리	111
열여섯 가락	문 닫는 사람들	117
열일곱 가락	억척 엄니 길	123
열여덟 가락	행주치마 움켜쥐고	133
열아홉 가락	돌아와요, 아기 엄마	139

3부
행복한 우동가게

스무 가락	우리 우동 가락이 들어 있어	152
스물한 가락	외로운 밤, 우주에서 온 아줌마	156
스물두 가락	위험한 천국 여행	163
스물세 가락	우동집에 가지 마시오	174
스물네 가락	김치 냄새가 나더라도	179
스물다섯 가락	꽃 필래 방	183
스물여섯 가락	시인의 공원, 탄생하다	192
스물일곱 가락	별 발자국을 따라가는 여자	201
스물여덟 가락	속풀이	209
스물아홉 가락	수상한 도깨비	216
서른 가락	집은 더러운데 우동은 왜 이렇게 맛있어?	225
서른한 가락	춤추는 느티나무	229
서른두 가락	그 아이가 보고 싶다	235

작가 후기   239

1부

공원 앞 우동가게

느티나무

시인의 공원 앞집 여자가
속 시끄러운 얼굴로
맨날 나를 쳐다봐서
이파리에
바람구멍이 났다

| 한 가락 |

아주 특별한 외출

별이 쏟아지는 밤
긴치마 입고
느티나무 아래 서 있다.

이른 새벽길을 걸었다. 이 시각에 거리를 걷는 것이 문득 낯설었다. 잡다한 이야기들은 모두 잠들고 사람들의 체취만이 묻어 있는 길을 걸었다. 찬 서리가 뿌옇게 내려앉은 길을.

아마도 오래전부터 이런 외출이 내 인생에 마련되어 있었을 것이다. 다만 그것을 몰랐을 뿐이었다. 한 치 앞을 알지 못하는 것이 인생이라는 말을 어린 시절 어머니에게서 많이 들었다. 그렇지만 나는 단 한 번도 내가 이런 외출을 하게 되리라고는 상상하지 못했다.

건널목과 신호등을 지나 음식점과 술집들이 별처럼 총총히 박혀 있는 골목길을 걸었다. 이른 새벽이라 사람들은 보이지 않았다. 달랑 혼자 걷는다는 것이 내심 두려웠다.

카우보이, 꽃을 든 남자, 애리조나……. 이런저런 상호의 간판들이 눈에 들어왔다. 술을 파는 곳, 그곳에서 술을 마시고 아직 깨지 않은 사람들이 어느 건물 옆에 웅크리고 있다가 나를 잡아당길 것 같았다.

나는 작은 조바심을 치며 술 냄새 풍기는 거리를 마치 새벽을 여는 사람처럼 걸어 나갔다. 앞으로는 이 거리와 친밀해져야 한다. 그렇게 되어야만 한다. 희붐한 밤안개와 진한 술 냄새와 가득한 찬 서리 속에서도 깨어나지 않는 이 낯선 거리를 매번 걸어 다녀야 한다.

감자탕집, 뼈다귀 해장국집, 올뱅이 국밥집……. 술 먹은 사람들의 속풀이에 어울리는 음식점들이 촘촘히 박혀 있는 좁은 골목길을 빠른 걸음으로 걸었다. 그 종착 지점에 철물점과 나란히 오토바이 가게가 있고, 그사이에 허름한 얼굴로 나를 기다리는 간판이 있었다.

우동 집 앞에는 공원이 있었다. 11월의 찬바람에 느티나무 잎이 하나둘 떨어지고 있었다. 내가 벗어던져야 할 지난날의 안락했던 생활의 옷처럼 그렇게 잎이 떨어지고 있었다

공원 안에는 낡은 의자가 몇 개 놓여 있었고, 수북하게 쌓인 느티나무 잎 위에 소주병이 몇 개 던져져 있었다. 낭만을 말하기에는 현실감의 무게가 너무 큰 풍경이었다. 누군가 먹고 버린 소주병이 낙엽 위에서 뒹굴었다.

'공원이 있어서 다행이야. 이제 이 공원의 느티나무와 사귀어 친구가 되어야지. 내가 가는 곳마다 다행히도 나무들이 늘 있었어.'

나는 11월 새벽의 공원을 바라보며 안도의 한숨을 쉬었다. 힘에 부칠 때면 저 공원의 의자에 앉아 잠시 쉴 수도 있

을 것이라는 안도감이 마음 끝에 다가왔다.

 철물점 앞에 놓여 있는 쇠붙이들, 오토바이 가게 앞에 놓여 있는 고물 오토바이들이 내 우동집 앞을 반쯤 가리고 있었다. 진득한 쇳내 때문이라도 우동 집으로 들어가고 싶은 생각이 들지 않는 곳이었다.

 허름한 색동저고리처럼 걸려 있는 각기우동이라는 간판은 낯설지 않았다. 어둠과 밝음이 교차하는 시각에 나는 우동 집 문을 열었다.

 오래되어 낡은 삐거덕거리는 문을 열고 가게 안으로 들어섰다. 전기 스위치가 있는 벽을 한참 더듬어 불을 켰다. 일곱 평 남짓한 작은 공간 안에 낡은 식탁 네 개가 놓여 있었다. 공간이 좁아서인지 어느 시골 방처럼 느껴졌다. 누렇게 바랜 벽지며 기름때가 덕지덕지 끼어 있는 환풍기조차도 쉽게 주인을 반기지 않는 풍경이었다. 너덜너덜하게 찢어진 벽지는 모두 잡아떼어 버리고 싶지만 거기까지 키가 닿지 않았다.

 잠시 입술을 깨물었다. 이곳까지 온 나의 외출은 하루아침에 이루어진 것이 아닐 것이다. 서른아홉 해 동안 잘 먹고 잘 살아 온 내 몸뚱이의 보속(補贖)일지도 모른다. 삶의 현장 속에 내가 뛰어들어 보지 못해서 이웃을 이해하지 못하고 사치스러운 말이나 행동으로 저지른 죄가 많았을 것이다. 나만 잘 먹고 잘살라는 법이 어디에 있는가. 이제 나는 몸으로 살아야 한다.

 재활용 시장에서 구매한 국수 기계가 흉물스럽게 나를 쳐다보았다. 밀가루 반죽을 해서 기계로 면을 뽑아내는 일을 해야 했다. 나에게 이 가게를 넘겨준 선임자 아저씨가 제일 많이 조심해야 하는 것이 이 기계라 했다. 딴생각하다가는 자칫 손을 다쳐 불구가 될 수 있다며 지레 겁을 주었다.

친해져야 할 기계를 어루만지며 앞으로 나를 잘 부탁한다는 말을 전했다. 그리고서 검게 그을린 양은 통에 물을 가득 붓고, 무, 다시마, 참치 등 천연 재료로 우동 국물을 우려내고 있는데 등 뒤에서 남자의 목소리가 들려왔다.

"아줌마, 우동 한 그릇 주세요."

가슴이 철렁 내려앉았다. 조금 기다려야 국물이 달여진다고 말하고 싶었지만, 입이 떨어지지 않았다. 말을 꺼내려고 애를 써도 말이 나오지 않는 꿈속에서처럼, 내 몸 안에 무엇인가가 들어와 입을 꼭 봉해버린 느낌이었다.

남자는 난로 옆에 앉아서 들고 온 신문을 보고 있었다. 처음이라, 첫날이라 서툴러서 아직 손님을 받을 수 없다는 말을 해야 하는데 내 형편과는 무연하게 남자는 음식을 기다리며 신문을 들추고 있었다.

펄펄 끓는 물에서 우동 국물 냄새가 났다. 제법 갈색으로 우러나면서 선임자 아저씨에게 배운 것 같은 우동 국물이 되고 있었다. 드르륵드르륵 소리를 내며 국수 기계가 흰 면발을 뽑아냈다. 그것을 펄펄 끓는 물에 넣고 삶았다.

식탁 앞에 앉은 남자는 오리털 파카의 소매 깃을 살짝 올리고 시계를 보았다. 내 마음이 바빠졌다. 단무지와 김치를 접시에 담아 식탁으로 내어갔다. 고개를 들 수 없었다. 입고 있는 앞치마며 긴 청치마가 어색하게 느껴졌다.

 나는 어깨를 펴며 당당해지자고 나 자신에게 말했다.

 '할 수 있어. 일주일 동안 연수를 받았잖아. 아직 솜씨는 없지만 정성만 있다면 왜 못 하겠어. 긴장하지 말아야 해. 인생은 연극이야. 이게 지금 내가 당당히 해내야 할 배역이야. 순희야, 당황하지 마.'

 일을 시작하기 전에 주변 사람들은 한결같이 음식점은 내게 어울리지 않는다고 말하여 나를 의기소침하게 만들었다. 동작이 느리고 민첩하지 못한 데다 키가 크고 손가락이 길어서 일이 몸에 붙지 않으리라는 것이었다. 다들 음식점은 아무나 하는 게 아니며, 뛰어난 솜씨가 있어도 성공하기 어려운 것이라며 말렸었다.

 하지만 내가 할 수 있는 일이 무엇이 있을까? 전업주부로 살아온 나에게는 아무것도 없었다. 행동도 말주변도 뛰어나지 못한 주부에게 갑자기 벌어 먹고살라고 하는 현실이 야속하기만 했다.

 IMF 시절, 남편의 사십 년 세월을 삼켜버린 부도는 우리 가족을 흩어진 밀가루 같은 슬픈 입자들로 만들었다. 평소에 찬찬해서 실수를 안 했던 남편은 더 큰 사업을 위해 도전하다가 중소기업이 살아남을 수 없는 호된 시절을 만난 것이었다.

 남편 잘 만나서 잘 먹고 잘살아온 대가가 이렇게 치열한 삶의 경쟁 속으로 나를 외출시킬 줄이야. 한탄하지 말자고 되뇌며 나는 무언가 일을 하기로 결심했다. 밀가루 입자처럼 풀풀 날려 흩어져버린 우리 가족의 아픔을, 지난날의 현실을 잊어야만 했다. 남편과 함께 살 수 없는 현실에서, 나는 아이 둘을 책임져야 할 가장이 되었다.

할 수 있는 일이 아무것도 없어서 베갯잇을 적시며 울고 있는 나에게 위층에 살았던 친구 희수가 시간 나는 대로 내려와 달래기 시작했다.

"은미 엄마가 할 수 있는 일은 몸으로 땀을 흘리는 거야. 일을 해야 해. 은미 엄마처럼 성격이 여린 사람은 직장 생활은 할 수 없어. 은미 엄마가 할 수 있는 일을 한번 생각해 보자. 먼저 〈충주 화제 신문〉을 보자고. 은미 엄마 힘들겠지만, 작은 음식점을 찾아보자."

변호사 부인인 희수의 말로 내 진로가 정해졌다. 한쪽에서는 일주일도 못 할 거라는 절망감을 주었지만, 희수의 말을 듣고 보니 내게 어울린다는 생각이 들어 신문을 보며 이곳저곳 기웃거리기 시작했다.

하루 종일 걸어 다니며 음식점을 기웃거려 보았지만, 자신감이 없었다. 아무도 나를 보고 반기지 않았다. 음식점 안으로 들어서면 꿈속에서처럼 입이 떨어지지 않았다.

힘이 빠져 집으로 돌아오면 아이들 둘이 잠을 자고 있었다. 보호자가 필요한 아이들에게 이렇게 힘이 빠져 다니는 내가 한심스러웠다. 55평의 넓은 아파트가 경매로 넘어가 이사를 해야만 했다. 아직은 이사도 못 하고 먹고사는 길을 찾아 헤맸다.

아파트 베란다에서 밖을 내다보니 길가의 노점들이 눈에

들어왔다. 과일과 생선과 푸성귀를 조금씩 놓고 파는 사람들의 모습이 내가 살아야 할 삶으로 느껴졌다. 빨리 이 아파트를 떠나야 정리가 될 것 같았다.

그동안에 누렸던 부를 뱀 허물 벗듯이 모두 벗어놓고, 바람이 몹시 불던 날 인근의 서민 아파트로 이사를 했다. 위층에 살고 있는 친구 희수가 주위의 맘씨 좋은 친구들을 모아 거들어주어 이사를 마쳤다.

찬 바람 불던 날, 그동안 입었던 부의 옷을 하루아침에 벗고서 돌아선 나를 보고 친구 희수는 목 놓아 울었다. 울어줄 사람이 내게 남아 있다는 것이 얼마나 다행한 일인가. 함께 살았던 아파트 사람들은 나를 위로하는 말을 아끼지 않았다.

우동집을 해보겠다고 덤볐을 때, 그것은 운명이었다. 이 집에 들어서기 전까지 사실은 두 번이나 음식점 계약을 했다가 무언가 두려움 때문에 두 번 다 해약하고 말았다.

그 이후 나는 고개를 떨궈 이곳에 나와 우동 기술을 배우기 시작했다. 종일 서서 밀가루와 씨름을 해야 하는 연수 기간 종아리가 아파서 쓰러져 버릴 것만 같았다.

가게 안에서 입을 옷이 없어서 희수가 마련해준 긴 청치마를 입고 앞치마를 두른 채 발을 동동 굴렀다. 종일 서서 일한다는 것이 얼마나 힘이 든 일인지. 그것도 오천 원짜리 우동을 팔아야만 하는 현실이 암담하기만 했다. 이러다간 가겟세도 나오지 않을 것 같았고, 입에 풀질도 하지 못할 것만 같았다.

하지만 밀가루 반죽을 하면서 재미를 붙였다. 풀풀 날리는 입자로 있을 때는 형태가 없지만, 소금과 물을 넣어 버무리면 물렁물렁한 덩어리가 되는 것이 신기했다.

그 덩이는 아무 곳에나 어울렸다. 국수 기계에 집어넣으면 가는 면도 될 수 있고 굵은 면으로도 변신할 수 있다는 것이 여간 신비롭지가 않았다.

사람 사는 일은 뜻대로 마음대로 되지 않는 것이 많다. 하나 내 손으로 만지작거리는 밀가루는 마음대로 할 수 있다는 것이 재미났다.

희수는 몰아붙였다. 무조건 인생 공부한다고 생각하고 이곳에서 우동을 끓여야 한다는 것이었다. 우동 만드는 법을 연수받으면서도 몇 번인가 잘 해낼 수 있을까 하고 망설였지만, 친구의 다그침을 격려 삼아 나는 꼭 해낼 수 있을 것 같았다.

그러하듯 하얗게 날이 밝아오는 시각에, 나는 신문을 보고 있는 남자에게 처음으로 내가 끓인 우동 한 그릇을 내갔다. 처음으로 받은 손님이었다. 그에게서 어떤 의미를 찾고 싶었다. 이 세상에 태어나 처음으로 내가 돈을 받고 우동을 끓여 준 저 사람이 소중하기만 하다는 생각이 들었다.

그때 남자가 말했다.

"아줌마, 우동 국물이 조금 짜요. 뜨거운 물 좀 주세요."

배운 대로 간을 맞추었는데 국물이 짜게 됐으니 실패한 것이었다. 미안하다고 말하지 못하고 엉거주춤 서 있는 나를 보더니 남자는 컵을 들고 부엌으로 들어왔다. 펄펄 끓는 물을 한 컵 떠가지고 식탁으로 돌아갔다.

우동 가락은 잘 삶아졌는지 걱정이 됐다. 남자는 물을 탄 국물을 마시며 나를 쳐다보았다. 어디선가 본 듯한 얼굴이었다. 하지만 이곳에 나오지 않았다면 만날 수 없었을 얼굴이었다.

남자는 안경을 다시 끼고 만 원권 지폐를 지갑에서 꺼내어 주었다. 나는 손으로 뜬 가방을 한참 뒤져서 거스름돈을 남자에게 건네주었다.

"아줌마, 잘 먹었습니다."

"저기요, 아저씨. 할 말이 있어요."

나는 삐거덕거리는 문을 밀치고 밖으로 나간 남자를 불러 세웠다.

"아저씨, 사실은 오늘이 내가 이 가게에서 장사하는 첫날이에요. 아저씨가 첫 손님이시고요."

남자는 놀란 눈빛으로 나를 쳐다보았다.

"아줌마, 그런 줄 알았으면 제일 비싼 우동을 시켰을 텐데요……. 그런데 왜 혼자 가게 문을 열었죠? 개업 집인 줄 전혀 몰랐어요."

차분하게 가라앉은 목소리가 어쩐 일인지 낯설지 않았다.

"그냥 아무한테도 알리지 않고 하게 되었어요. 하여간 아저씨가 첫 손님이라는 말을 꼭 하고 싶었어요."

"저는 아줌마가 말하지 못하는 사람이라고 생각했어요. 가게 안에서 아무 말도 하지 않았잖아요. 하지만 느낌이 좋아요. 하시는 일이 모두 잘될 거예요. 사연 없이 살아가는 사람들이 어디 있겠어요. 잘 되시라고 기도해 드릴게요."

 남자는 고개를 정중하게 숙여 내게 인사를 하고 느티나무 아래 세워놓은 검은 지프차로 갔다. 차 위에는 느티나무 잎이 몇 개인가 떨어져 내려 있었다. 차가 지나갈 때 모 방송국 로고가 눈에 들어왔다. 그 순간 낯익은 얼굴과 목소리가 다시 떠올라왔다. 한 시간쯤 지났을까…… 삐거덕거리는 문이 열리며 장미꽃 한 바구니가 들어왔다. 깜짝 놀라 쳐다보니 배달 나온 점원이 그 방송국의 아나운서가 보냈다는 말을 전했다.

 붉은 장미는 막 잠에서 깨어나 기지개를 켜는 모습이다.

| 두 가락 |

우산 크기만큼의 삶

어느 날 한 청년이 나를 보고 아는 체했다.
"사모님, 저는 사모님을 잘 아는데 사모님은 왜 저를 모르는 체하시죠?"
어디서 본 듯한 얼굴인데 전혀 생각이 나지 않았다. 고개를 갸웃거리는 나를 보고 다시 청년이 말했다.
"사모님, 죄송해요. 우리가 아무런 도움이 되지 못해서요."
모자를 눌러쓴 청년은 회색 제복을 입고 있었다. 한데 아무리 생각해도 기억이 나지 않았다.
"저기, 사모님 댁에 제가 심부름 간 적도 있는데요······."
청년의 말을 들으며 생각해 보니 부도 난 우리 회사에 근무한 직원인 듯싶었다. 하지만 생각이 나지 않았다. 잊어버리고 싶은 마음은 그렇게 망각의 강을 만들고 있었다.
청년을 내 우동집에서의 만남으로만 기억하고 싶어서 고개를 저었다. 그러자 청년도 알아들었다는 듯 더 이상 아는 체하지 않았다. 나는 진정으로 그가 이 작은 공간 안에서만 만나는 손님이기를 원했다.

그는 핏기 없는 얼굴로 우리 우동집을 종종 찾았다. 때론 무엇인가 이야기하고 싶어 하는 표정을 읽을 수 있었다. 그는 따끈한 호떡 몇 개를 봉지에 담아 와서 말없이 내놓기도 했다. 지난날의 기억은 망각의 강 너머에 남겨두고, 이곳에서의 애틋한 만남이 시작된 것이다.

일요일에도 제복을 입고 들어온 청년에게 내가 말을 붙였다.
"일이 많은가 봐요? 주일도 못 쉬는 걸 보니."
"잘릴까 봐 쉴 수가 없어요."
청년은 모자를 벗으며 싱긋 웃었다. 모자 안에 들어 있는 머리칼은 약간 파마 웨이브가 있고 부분적으로 노란 염색이 되어 있었다. 잘 익은 은행잎처럼 부분 염색된 머리가 어색하지 않았다.

청년이 다니는 직장이 자금 걱정 없는 튼튼한 회사였으면 좋겠다는 생각이 들었다. 우리 회사에서 날마다 어음결제로 가슴을 졸이던 직원들의 얼굴도 생각났다. 잘될 것이라는 좋은 생각을 해도 깊숙이 숨어 있는 그늘은 지울 수 없었다.

"사모님, 사고가 났어요."
"사고라니요. 무슨 사고요?"
"사모님도 아는 사람이에요. 사모님께서 이 이야기를 들으면 마음 아프시겠지만 어쩔 수 없이 말씀드려야 되겠어요."
청년은 찬물을 벌컥벌컥 들이키며 상기된 얼굴로 말을 하기 시작했다.

우리 회사가 부도가 나자, 오십 명의 직원들은 임금과 퇴직금을 받기 위해 사장을 노동부에 고발하고 새로운 길을 찾아가야 했다. 그중에 사장이었던 내 남편을 고발할 수 없다고 임금과 퇴직금을 포기한 사람이 있었다. IMF로 중소기업이 어려움을 겪으면서 회사가 넘어간 상황을 잘 아는 노현이라는 스물아홉의 청년이었다. 흔들리는 회사를 살려보겠다고 자기 일처럼 동분서주했던 사람이었다.

노현은 밤마다 술을 마시며 회사를 지켰다. 모두가 떠나버린 회사에 남아서 담배를 피우며 그곳에 살았던 사람들을 그리워했다. 마음이 여렸던 그는 가끔 우리 집에 전화를 걸어 미안하다고 말했다. 그의 위로가 내 귀에 들어올 수 없을 정도로 아팠던 날들이라서 까마득히 잊고 싶을 뿐이었다.

노현은 아무도 없는 회사 기숙사에서 생활하면서 살았다. 그곳에 검둥이라는 개가 있었다. 그 개에게 노현은 밥을 주면서 살았다. 우동 가게에 온 청년이 노현에게 여러 번 그곳을 떠나자고 말해도 그는 떠나지 않았다.

대그룹 SK로 우리 회사가 넘어가던 날 밤이었다. 그날 본사 직원이 새로운 주인으로 다녀갔다. 노현은 밤에 술을 마시고 노래를 불렀다. 같이 있었던 사람들에게 전화해서 술을 마시자고 했다. 그중에 경비로 있었던 아저씨가 시내로 나오라고 했다. 노현은 술을 마시고 트럭을 타고 시내로 나오다가 자동차 사고를 내고 그 자리에서 목숨을 잃었다. 한 청년의 삶이 그렇게 짧게 마감된 것이었다.

청년의 말은 내 가슴에 무엇을 남길 것인가. 과연 무슨 의미를 부여할 것인가. 배달 가방을 들고 서 있던 나는 기가 막

했다. 내 뒤에 서 있을 것만 같은 노현을 모르는 채 외면하고 돌아서고 싶었다.

무슨 미련이 남았다고 그곳을 떠나지 못했을까. 부도가 난 지 일 년이 되어 사람들은 새 주인에게 임금과 퇴직금도 다 받아 갔는데 어쩌자고 노현은 그곳에 남아 있었단 말인가. 누가 알아준다고.

삐거덕거리는 문을 밀치고 나가 느티나무 공원의 낡은 벤치에 앉았다. 그 청년의 영혼에게, 이렇게 살아남아 있는 나는 무슨 말을 할 수 있을까. 그곳을 잊으려고 애쓰고 있는 나에게, 노현이란 청년이 돌을 던질 것만 같았다.

이따금 서울 가는 길에 회사가 바라보이면 나는 애써 눈을 감았다. 사라지기 위해 존재했던 내 지난날의 흔적들이라 생각했다. 나는 그곳에서 검둥이 밥을 주며 생활한 노현을 생각해 본 적이 없었다.

노현이 우동 가게를 찾아온 청년처럼 다시 시작할 수 있었더라면 얼마나 좋았을까. 다른 사람들과 함께 사장을 고발해서 밀린 임금과 퇴직금을 받았더라면 다시 살아갈 수 있는 밑천이 되었을 텐데……. 노현을 다시 만날 수 있다면 나는 따뜻하게 손을 잡아주고 싶었다. 내 과거에 존재했던 사람 중 가장 아름다웠던 사람이라 기억하고 싶었다.

나뭇잎이 가을의 깊이를 더하며 하나둘 떨어지고 있었다. 내 상처 입은 마음의 이야기들을 지우기 위하여 처절하게 찢어지며 떨어지고 있었다.

노현의 이야기를 전하였던 청년은 울먹이는 얼굴로 이런 글을 우리 가게에 써놓고 사라졌다.

우산

비 오는 날
우산을 쓰지 못하고
신문을 우산 대신 써야 할 생활
어느 만큼도 아닌
우산 크기만큼의
자유가 있었으면 좋겠다

| 세 가락 |

봄에는 비가 온단다

비가 오는 날이면 우동을 끓일 수 없을 만큼 설렜다. 자락자락 떨어지는 빗줄기를 잡고 싶었다. 레인 코트를 입고 걷고 싶었다. 영화의 주인공처럼 긴 머리를 풀어 헤쳐 촉촉이 젖고 싶었다.

비가 좋은 이유는, 우리 집하고 잘 어울리기 때문이었다. 비 오는 날이면 나처럼 비를 좋아하는 사람들이 몰려왔다. 공원 느티나무의 이파리들도 물기를 머금고 하늘거렸다. 그 이파리들을 보고 옆집 철물점 아줌마는 확 뜯어서 나물해 먹고 싶다고 말했다. 나는 잔인한 말이라고 핀잔을 주었다.

그 아줌마가 우리 가게 벽에 붙은 쪽지 글들을 외우기 시작했다. 시인네 옆집에 살다 보니 시인이 되어간다며 아저씨는 웃었다. 무슨 글을 외울 수 있느냐고 내가 묻자, 아줌마는 큰소리로 어느 구석인가에 붙어 있는 내가 쓴 글을 읊었다.

여심

답답한 날은
손 내밀어

빗줄기를
꺾어본다

  부도가 나서 남편 없이 혼자 이사를 해야 했을 때는 하늘이 까맸다. 집 안 한구석의 난 화분처럼 살아온 나에게는 너무나 큰 아픔이었다.
  슈퍼마켓에 들렀다가 아파트로 돌아가는 길에 굵은 비를 만났다. 그렇게 큰 빗줄기는 처음이었다. 나는 손을 내밀어 빗줄기를 잡아보았는데, 그때의 마음을 적은 것이 위의 글이었다. 난감한 현실을 바라보며 토해낸 것이었다.
  나는 내 아픔이 담긴 글을 스스로 가게에 붙여 놓을 수가 없었다. 익기도 전에 떨어진 감을 주워 들고 있는 듯한 기분도 들었다. 위의 글도 한 동인지에 실린 것을 어느 화가가 보고 자신이 써서 가게에 붙여준 것이었다.
  내가 이렇게 소극적인 성격이 된 데에는 내 친정어머니의 교육이 한몫했던 듯하다. 어머니는 여자는 어디까지나 얌전해야 한다고, 사람들에게 적극적으로 말대꾸를 하거나 의견을 드러내지 못하게 했다. 그러다 보니 나는 자신의 의견을 잘 드러내고 그 의견대로 밀고 나가는 사람이 부러웠다.
  나는 마음속으로는 나름의 견해를 가지고 있으면서도 말로도 행동으로도 제대로 표현하지 못하는 자신에게 화가 나기도 했다. 그런 기분일 때마다 나는 비를 기다렸다. 비와 눈은 나의 마음을 부드럽게 만져주었다. 나는 비에 미쳐 공원을 배회하기도 했는데, 주인인 내가 들떠 있는 것이 불안한 주방 아줌마 미범은 비가 오면 싫다고 했다.

비가 내리면 시인들이 슈퍼에서 막걸리를 사다가 우리 집에서 마셨다. 그러다가 혼란의 밤으로 이어지기도 했다. 종종 그들은 막걸리를 먹다가 싸움을 벌이기도 했다. 시인들은 비가 내리면 마치 이때다, 하고 기다렸다는 듯이 막걸리를 마셨다.

머리가 훌떡 벗어진 정 시인은 현미가 부른 〈보고 싶은 얼굴〉이라는 노래를 부르며 울었다. 빗물처럼 울음 우는 정 시인에게는 그 노래와 관련된 '사연'이 있었다.

그는 중학교 때 넘쳐흐르는 감성의 물결을 주체할 수 없어서 가출했다고 한다. 서울로 가출한 소년은 짜장면 집에서 배달하면서 집과 어머니와 여동생을 그리워하며 '눈을 감고 걸어도 눈을 뜨고 걸어도…… 보고 싶은 얼굴……'이라는 시를 지었다고 한다.

그리고 그 시를 어딘가에 보냈는데, 그것이 엉뚱한 사람의 작사로 둔갑하여 현미의 유행가 가사가 되었다는 것이었다. 그래서 가출 소년은 현미의 남편을 만나서 항의하려 했지만, 당시 현미의 남편이 죽은 뒤라서 더 이상 어쩔 수 없었다는 것이었다.

정 시인의 이런 사연은 눈물이 되어 빗줄기처럼 흘러내렸다. 그는 '보고 싶은 얼굴'이라는 유행가 가사의 원작자가 뒤바뀐 것에 대해 서글퍼했다. 그러면 모여 있던 동료 시인들도 막걸리 산에 슬픔을 실어 마시면서 정 시인을 더 울게 했다.

그런 분위기는 우동을 먹기 위해 오는 손님들에게 피해를 주기도 했다. 조용히 식사나 해야 할 우동집에서 노래를 부르고 춤을 추는 시인들의 모습을 매번 좋아할 수는 없었다. 남자 친구와 함께 온 어떤 아가씨는 노골적으로 불평을 늘어놓았다.

"아줌마, 이런 이상한 우동집이 어디 있어요? 정신이 하나도 없어요. 쪽지들이 벽에 덕지덕지 붙어 있는 것도 어지러운데……. 저 사람들 정신 나간 사람들 아니에요?"

나는 주인으로서 아가씨에게 죄송하다고 말하거나, 취해서 시끄러운 시인들에게 조용히 하라고 권해야 할 처지였지만, 내심 속에서 치밀어 오르는 화를 억누를 수 없었다.

"저 사람들이 우리 집 같은 데서 마음을 못 풀면 어디서 풀겠어요? 원래 우리 집은 이러니 이해하시고 내버려 두세요."

서민적인 분위기를 몰라주는 그녀에게 내가 그렇게 말하자 아가씨는 더럭 화를 냈다.

"아줌마, 그럼 난 앞으로 이 집에 안 올 거예요."

"그렇다면 하는 수 없죠."

날카로운 눈빛으로 아가씨를 쳐다보며 당당하게 말해놓고 돌아섰지만, 나는 또 내가 너무하지 않았나 하는 후회를 하면서 나 자신의 나약한 마음에 더욱 화가 났다. 그 아가씨는 흥분된 얼굴로 우리 집을 나간 뒤 다신 오지 않았다.

시인들은 고래고래 소리를 지르며 서로 싸웠다. 〈보고 싶은 얼굴〉을 선량하게 불렀던 정 시인은 윤 시인과 싸움을 했다. 그 이유가 참으로 어처구니가 없었다. 써온 시를 서로 평하다가 싸운 것이었다. 서로 자존심을 건드린 것이었다.

"이 자식. 맛 좀 봐라."

막걸리 뚝배기와 술잔이 공중에서 춤을 추었고, 탁자가 엎어졌다. 그렇게 비 오는 날의 낭만적인 밤은 허공을 나는 그릇들과 함께 깨지고 말았다. 미범과 나는 울며 싸움을 말렸지만, 그들은 말을 듣지 않았다. 고래고래 소리를 지르고 격한 손짓, 발짓하며 몸싸움하는 남자들은 공포 그 자체였다.

나는 묶은 머리를 풀었다. 너무 어처구니없을 때, 능력의 한계를 느낄 때 나는 머리를 풀어 헤쳤다. 그러고는 시인들이 원망스러워 엉엉 울었다. 깨진 유리문 위에 붙은 쪽지 글들을 보며 울었다.

머리를 풀고 나니 시인들이 좀 잠잠해졌다. 나는 그들에게 말했다.

"모두 나가요. 나가서 저 공원에서 싸워요. 공원에 가서 죽든 살든 실컷 싸워보세요."

시인들은 내 마음의 빗줄기를 꺾으며 공원으로 나갔다. 비가 억수처럼 퍼붓고 있었다. 미범과 나는 부둥켜안고 울었다. 우동 먹으러 오는 손님들에게 그런 모습을 보이는 것이 부끄러웠다.

"미범아, 이것이 인생이야. 어찌 좋은 일만 있기를 바라겠어. 이 가게는 누구에게나 열려 있는 곳이야. 우리 마음에 딱 드는 사람만 드나드는 집이 아니야. 시인들이 속마음은 한결같이 여리고 순결해. 그런 순결함에 상처 입기 때문에 저렇게 싸우는 모습을 보이는 거야."

나는 입술을 깨물며 머리를 다시 묶었다. 시인들의 싸움을 지켜보던 교수 한 분이, 절망감에 젖은 나를 안쓰럽게 쳐다보며 이런 글을 남기고 가셨다.

황사비

봄에는 비가 온단다
모두가 기다렸단다

그런데
황사비란다

| 네 가락 |

어떤 주정꾼

 술 취한 남자가 늦은 시간에 들어오면 걱정이 앞선다. 우동 한 그릇으로 속을 풀면 좋으련만 술이 술을 부르는 지경이 되는 것이다. 술 취한 사람에게 내가 받는 상처는 대단하다. 남편이 술을 먹고 주정하는 모습을 한 번도 보지 못했기 때문에 처음에는 낯설고 힘이 들었다.

 어느 신문사에 다닌다는 남자가 있었다. 그는 꽤 이름이 알려진 사람인데, 어느 날 메밀국수를 포장해 간 뒤부터 자꾸만 자신의 이름을 대며 자신을 아느냐는 말을 했다. 사람의 이름을 잘 기억하지 못하는 나는 모른다는 표정으로 고개를 흔들었다.
 그러자 그가 입에 거품을 물면서 말했다.
 "시인들 좋아하시네. 지네들이 무슨 시인이야. 시인 간판 있으면 내놓아 보라고."
 옆에 있던 유 시인이 나섰다.
 "건방진 소리 하네. 내가 맛 좀 보여줄까?"
 그러고서 둘은 서로 얼굴을 붉히며 큰소리를 냈디.
 "시노 봇 쓰면서 가방만 들고 다니면 시인이야? 어디 간판 내봐."

 남자와 유 시인은 소리를 지르며 밖으로 나갔다. 밖에는 비가 내리고 있었다. 그 비를 맞으며 두 사람은 치고받고 싸움했다. 공원의 느티나무가 그 모습을 지켜보고 있었다. 나는 싸움이 커질까 봐 이리저리 허둥대며 앞치마를 입은 채 말렸다. 비는 온몸을 적시며 쏟아졌다.

 싸움이 나면 대개 삐거덕거리는 문안에서 시작되어 문밖으로 나가 공원의 느티나무에서 멈춘다. 유 시인이 운동했기 때문에 남자를 제압할 수 있었다. 그래서 남자는 언제 그랬냐는 듯이 순한 양이 되어 시인과 악수했다. 금방이라도 난리가 날 것만 같던 결투가 끝났을 때 나는 한숨을 쉬며 머리를 풀었다가 다시 쪽을 졌다.

 나는 그 남자가 우리 집에 올까 봐 겁이 났다. 어느 날 은행에 갔더니 어디서 본 듯한 얼굴의 남자가 다가왔다.
 "아줌마, 나요. 김○○. 알아요?"
 그를 보자마자 나는 걸음아 날 살려라 하고 뒷걸음을 치다가 도망을 와버렸다. 숨 가쁘게 들어온 나를 보고 미범이가 웃었다.
 "은미 엄마, 뭐 죄지었어? 뭐 때문에 그러는 거야?"
 "무서워. 다시는 안 보고 싶은 얼굴이야. 제발 우리 집에 오지 말았으면 좋겠어."
 "원수는 외나무다리에서 만나는 법이야. 싫어하는 사람들은 더 자주 보게 된다고. 하지만 그 남자도 참 웃기네. 자기가 기자면 기자지 그게 뭐 어쨌다는 거야?"

"기자 좋아하시네. 내가 존경하는 사람은 약자야. 약한 사람들 편에서 사는 사람이라고."

나는 그 남자의 흉을 실컷 봤다.

그 후 비 오는 어느 날, 나이 드신 원로 선생님들 몇 분이 오셨다. 나이 드신 분들이 오면 나는 정중하게 예의를 갖췄다. 그래서 잔뜩 긴장한 채 우동을 끓이고 있는데 이글거리는 눈빛으로 문을 밀고 들어서는 남자가 있었다. 바로 그 남자였다.

나는 순간적으로 인상을 썼다. 그러자 그는 나의 얼굴에서 반기지 않는 표정을 보고 즉각 화를 냈다.

"이놈의 집이 시인의 집이야? 모두 가짜야. 내가 누군 줄 알아? 김○○. 김○○이란 말이야." 그러면서 남자는 벽에 붙은 글들을 뜯기 시작했다. 나는 내가 아끼는 글을 뜯어내는 남자에게 화가 치밀어서 경찰을 부르겠다고 말했다.

"경찰? 나 육 개월 동안 징역 살고 나온 놈이야. 경찰 불러 봐. 어디 불러 봐."

그는 나에게 욕을 퍼부었다. 입에 담을 수 없는 욕을 하며 글을 뜯었다. 순식간에 사람들 앞에서 어릿광대가 되어버린 나는 남자의 거친 욕 앞에서 대들 수가 없었다. 눈물만 나왔다. 그냥 주저앉아 머리를 풀었다.

같이 온 남자들은 관공서 직원이었다. 그들은 왜 화를 내느냐며 나를 나무랐다. 권력을 앞세워 약자들 앞에서 힘을

1부 공원 앞 우동가게   35

과시하는 이 남자에게 나는 어떻게 해야 할지 알 수 없었다. 같이 온 남자들에게 경찰에 고발하겠다고 말했다. 그러자 남자는 얼굴에 광기를 띠고서 고래고래 소리를 질렀다. 나는 머리를 풀고 부엌에 주저앉아 있었다. 손님 중 몇 분의 어르신이 내가 잘못한 거라면서 그 남자를 달랬다. 자존심 상했다. 사람들 앞에서 그런 모욕을 당하는 것은 처음이었다.

나는 뒷문으로 빠져나가 느티나무 아래에 섰다. 속절없이 흔들거리는 나무를 붙잡고 한동안 울었다. 아버지가 보고 싶었다. 나를 키우시면서 단 한 번도 욕하거나 매를 들지 않았던 아버지가 무척이나 보고 싶었다. 그리고 미안하다는 생각이 들었다. 내 모습이 너무 초라해 보여 아버지에게 미안했다. 아버지가 이 모습을 본다면 얼마나 가슴이 아프실까.

느티나무를 붙들고 한참을 울다가 빗속에서 풀었던 머리를 다시 묶었다.

"이것이 인생이야."

그렇게 중얼거리며 입술을 깨물고 삐거덕거리는 문을 밀고 가게로 들어갔을 때 그 남자는 돌아가고 없었다.

사람들은 그날 밤 그 남자가 퍼부어댄 욕설을 아무도 떠올리지 않았다. 그들은 아무 일도 없었다는 듯이 자연스럽게 나를 대해주었다. 그들은 이런저런 말을 하며 나를 위로해주었다.

나는 내가 사람을 가려서 받을 수는 없다는 것을 다시금 생각했다. 내가 싫어한다고 해서 나타나지 않는 것이 아니며, 내가 좋아한다고 해서 자주 오는 것도 아니다. 좋아하는 사람도 싫어하는 사람도 그들이 오고 싶어서 오는 것이다. 둘 다 애정이 있으니 오는 것이다.

하지만 권력을 내세우는 사람들 앞에서, 밀가루 반죽을 하고 우동 국물을 우려내는 아줌마는 무엇을 내세울 수 있을까? 나의 이런 마음을 읽은 어떤 손님이 이런 글을 써놓았다. 나는 이 글을 자주 바라보곤 한다.

> 호랑이는 외롭거나
> 힘들어도 여우의 울음소리를
> 흉내 내지 않는다.

| 다섯 가락 |

느티나무는 아버지 그늘

목발을 짚은 시인이 들어왔다. 전주에서 버스를 타고 온 남자는 등에 가방을 메고 있었다. 그는 시를 갖다주고 싶어서 일부러 왔다고 했다.

> 시가 묻어 있는 느티나무 아래
> 하늘이 열리고
> 이유 있는 아버지 말이 느티나무 잎 되어
> 한 잎
> 두 잎
> 떨어진다

우동 한 그릇을 식탁 위에 올려놓고 콧등의 땀을 닦으며 그는 아버지 얘기를 했다. 어려서 소아마비를 앓아 평생 불구로 살아온 시인에게 아버지는 전부였다. 그의 아버지 이야기를 들으며 나는 내 아버지만을 생각할 수밖에 없는 날이다.

얼마 전 나는 저세상으로 떠난 아버지를 배웅하고 왔다. 문 앞에 있는 느티나무처럼 언제나 내 곁에 있을 줄 알았는데……. 사람이 태어나면 죽는다는 것은 누구나 아는 사실이다. 하지만 막상 자신과 가까운 사람이 떠나게 되면 그 마음은 형용하기 어려운 상태가 된다.

아버지는 내가 우동을 끓이는 줄도 모르고 가셨다. 아버지에게 알리지 않은 것이 불효였는지 아닌지 모르겠다. 아무도 모를 것이다. 다만 이제 자유로운 영혼이 되신 아버지는 아실 것이다. 부드럽고 섬세한 정을 나에게 주고 떠난 아버지의 기억을 나는 오래 잊지 못할 것이다.

아버지가 돌아가실 것 같다는 전갈이 왔다. 내 등 뒤에 서서 느티나무처럼 언제나 그늘을 드리워주리라 생각했던 아버지…… 그리고 우동을 끓이고 있다가 아버지가 돌아가셨다는 전화를 받았다. 여든아홉 살의 아버지는 고통 없이 돌아가셨다. 평생 구두를 신다가 운동화로 갈아 신은 지 일주일 후 곡기를 멈추고 곱게 가셨다.

"설마 아버지가 그렇게 쉽게 가시려고."

믿어지지 않았다. 끓이던 우동을 마무리해서 사람들에게 갖다주고 부엌에 주저앉아 머리를 풀었다. 가슴이 답답하고 막막해서 눈물이 나오지 않았다. 아이들과 택시를 타고 서울로 가는 길은 멀고도 멀었다. 창밖에 내가 모르는 사람들이 스쳐가고 있었다. 누가 죽었는지 태어났는지 관심도 없는 사람들이 저마다 가슴에 자신의 사연을 담고 지나가고 있었다.

차 안에서 아버지와의 추억을 내 아이들에게 이야기했다. 단 한 번도 매를 들지 않고 거친 말 한마디 하지 않으셨던 아버지. 어린 시절 딸에게 무척이나 잘해 주었던 그분의 자잘한 사랑 이야기를 아이들에게 했다. 아이들은 어릴 때 외할아버지가 그린 그림을 기억하고 있었다. 할아버지의 가난한 화실도 기억하고 있었다. 할아버지와 함께 관아공원에 가서 놀았던 일도 아이들은 기억하고 있었다.

서울 언니가 우동 끓이는 딸이 오지 않아서 염을 못 한다는 전화가 왔다. 지금 살아 있는 딸이 죽은 아버지를 만나려고 가는 중이라는 말을 했다.

아버지 영전에 엎드린 나는 아버지 사진 앞에서 울었다. 오로지 아버지의 죽음만을 위해 울었다. 먼지처럼 고요히 사라진 아버지라는 말을 계속하며 울었다. 먼지처럼 왔다가 먼지로 사라진 아버지의 역사를 이야기하면서 울었다.

사람들은 호상이라고 말하며 술을 마시고 화투를 치며 놀았다. 뭐가 호상이라는 말인가. 아버지가 사라져서 축하연이라도 벌이라는 것인가. 호상이라는 말이 진저리치도록 싫었다. 아버지의 죽음을 슬퍼하지 않는 가족들에게 화를 내며 울었다.

"언니는 아버지가 언니만 예뻐했는데 왜 울지 않아? 아버지가 언니만 빨간 목도리 사다 주셨다가 내가 두 시간을 울어서 내 목도리는 마지못해 다시 사다 주셨는데. 아버지는 언니만 더 예뻐했다고."

아버지가 신사임당을 닮았다고 했던 언니를 욕하며 나는 울었다. 언니는 나를 달래며 말했다.

"순희야, 그만 울어라. 아버지는 우리에게 얽힘이 하나도 없이 사시다 가셨어. 아무도 미워하지 않았고, 아무한테도 특별한 기대가 없었어. 한이 없이 살다 가신 아버지를 붙들고 네가 매달리면 어떻게 하니."

"언니가 한이 없었는지 있었는지 어떻게 알아? 아버지가 어머니 먼저 보내고 몇십 년의 세월이 얼마나 외로우셨겠어. 내가 부도만 나지 않았더라면 그 외로움을 조금이나마 덜어드렸을 거야. 나는 몇 년 동안 우동만 끓이느라고 아버지에게 재롱을 피우지 못했어."

언니는 표정 하나 일그러지지 않은 채 차분한 목소리로 말했다.

"됐어. 아버지는 너도 잘살아가고 있는 것으로 알았어. 네가 걱정 끼치지 않았다는 것만도 효도였어. 자식은 적었지만, 동생이 효자였고 며느리도 효부였어. 그러면 됐지. 떠나는 사람에게 어찌 아쉬움이 없겠냐. 그러니 그만 울어."

언니는 목이 터져라 우는 나를 달랬다. 임종을 지켜봤던 일곱 살짜리 조카가 훌쩍이며 말했다.

"고모, 울지 마. 우리는 어제 많이 울었어요. 고모가 울면 또 눈물이 나와요. 할아버지는 아주 좋은 곳으로 가셨대요. 울지 마세요."

나는 아무것도 가져가지 못하는 죽은 아버지의 무능함에 대해 생각했다. 평소 아끼던 그림 한 조각도 가져갈 수 없었다. 언니와 내가 알고 있는 비밀은 아버지 첫사랑 이야기다. 아버지는 사랑했던 첫사랑의 초상화를 고이 간직하고 있었는데, 그 사진 한 장 가져갈 수 없었다. 이제 그 첫사랑 이야기도 우리 사이에 얼마간 떠돌다가 잊힐 것이다.

나는 너희가 인생을 아느냐고 아버지가 하시던 말씀을 생각했다. 오랜 세월 동안 술만 드시면 꺼내셨던 그 말씀을. 아버지는 오늘 그 말씀을 몸으로 설명하며 떠난 것이다. 인생이란 허무한 것이라는 답을 남기고서. 아무것도 소유하지 못하는 죽은 아버지의 모습에서 나는 인생을 읽었다. 아마도 이것은 산 사람에게도 해당하는 말일 것이다.

나는 아버지를 땅에 묻으며 아버지의 추억도 하나하나 함께 묻었다. 죽은 아버지에게 소용이 있든 없든 아버지가 좋아했던 그림과 아끼는 그림을 묻었다. 그곳에 아버지의 추억도 묻었다. 다시는 펼쳐질 수 없는 사연을 묻었다. 그렇게 아버지는 먼지로 사라져갔다.

나는 떠나신 아버지에게 속삭였다.

"아버지, 이것이 인생이겠지요. 만나면 언젠가는 헤어진다는 거요. 왜 속 시원하게 그때그때 말씀하시지 않고, 너희가 인생을 아느냐는 말씀만 던지셨어요."

아버지가 없는 하늘을 쳐다보며 한참을 돌아다니다가 영전에 피어 있는 향을 맡으며 잠을 잤다. 아버지가 살아 계실 때 이렇게 나처럼 잠자리에 드셨을 것이다. 아버지가 벗어놓은 옷, 등이 가려워 긁었던 효자손, 라이터, 휴지, 아버지 호주머니에서 나온 파란 배춧잎 같은 돈이 수북이 쌓인 방에서 나는 아버지처럼 잤다. 아버지는 분명 저 돈을 아껴 썼을 것이다. 가져갈 수 없는 저 종잇조각이 저렇게 많이 쌓여 있다는 것이 가슴을 아프게 했다.

　남아 있는 사람들은 아버지가 조촐하게 남긴 물건과 흔적을 지우는 작업을 했다. 모두가 살아 있는 사람을 위하여 일을 할 뿐이었다.

　'그래, 아버지는 이제 철저하게 우리 가슴에서 사라져야 해. 이미 우리는 그것을 인정하고 있는 거야.'

　호상이라는 말로 합리화를 시키고 나는 다시 우동집 여자가 되기 위하여 충주로 돌아왔다. 커피 한 잔을 타 삐거덕거리는 문을 밀고 나가 느티나무 그늘 앉아 허전한 마음을 달랬다. 떠나고서야 이토록 그리워하는 내가 어리석게 느껴졌다. 정말 떠났기 때문에 많이 그리워하는 나의 어리석음을 인정하지 않을 수 없었다.

　그래, 아버지는 떠나셨다. 하지만 그 그늘은 나에게 남아 있다. 검은 느티나무를 붙잡고 아버지가 살아 있을 때처럼 나는 아버지를 부를 것이다…….

　전주에서 온 시인의 이야기가 계속되고 있었지만 나는 내 아버지의 이야기만 하고 싶은 날이다. 그래서 그 시인의 깊은 마음을 헤아려 주지 못해서 많이 미안하다.

　그는 살아 있는 아버지를 원망하기도 했다. 자신이 사십이 되어도 자립할 수 없었던 것은 아버지가 진작 자립할 수 있게 자신을 놓아주지 않았기 때문이라고 했다. 물구로 살아가야 할 힘난한 세상, 진작 밖으로 나가라 했으면 무슨 기술이라도 배워서 자립했을 것이라는 말이었다. 아들에게 아버지가 늘 느티나무 그늘이 되어야만 한다는 염려 때문에 시인은 아버지의 그늘을 떠날 수 없었다고 이야기했다.

    아마 어쩌면 그럴 것이다. 하지만 그것이 아버지의 사랑이었다는 것을 시인도 잘 알 것이다. 알면서도 그분이 아직 살아 계시니 그렇게 말하게 되는 것이리라.

| 여섯 가락 |

캄캄한 밤, 우동을 생각한다

우리 집에 잘 오는 손님이 불평을 늘어놓았다.

"아줌마는 왜 시간을 지키지 않아요?"

그 남자는 간밤에 있었던 일을 두고서 말한 것이었는데, 나는 왜 우동을 빨리 주지 않느냐는 말로 알아듣고 동문서답했다.

"우리는 면을 금방 뽑아서 삶기 때문에 늦을 수밖에 없어요."

술이 약간 취한 남자는 웃으며 말했다.

"아줌마, 돈 벌었다고 재지 말아요. 나는 이 우동을 먹기 위해 24시간을 기다렸어요."

나는 돈을 많이 벌었다느니, 많이 벌고 있다느니, 이런 말을 들으면 과민 반응을 일으킨다.

"내가 무슨 돈을 벌었다고 그런 말을 해요? 우동이 늦게 나가는 것하고 그게 무슨 상관이 있죠?"

나는 거친 목소리로 쏘아붙였다.

그러고는 갑자기 내가 초라해짐을 느꼈다. 나는 음식값 계산할 때가 참 고역이다. 처음이나 지금이나 마찬가지다. 정당한 대가를 받는 것이지만 돈과 관계된 일을 한다는 것이 싫다. 될 수 있는 대로 미범이가 돈 계산을 했다.

그런 판에 남자가 그런 말을 하니 애당초 내가 그의 말을 잘못 알아들었다는 걸 생각할 수 없었다.

남자는 의아스럽다는 반응을 보였다.

"아줌마, 내가 무슨 큰 잘못을 했다고 그리 무섭게 노려보는 거예요?"

"아저씨, 일을 하는 사람에게 그런 말을 하면 어떻게 해요?"

미범이가 나의 손등을 꼬집으며 말렸다.

"은미 엄마, 술 먹으면 개라는 말이 있잖아. 술 먹은 사람이랑 싸우자는 거야? 왜 평소에 안 하던 짓을 하는 거야?"

미범이가 우동그릇을 남자의 식탁 위에 올려놓았다. 까무잡잡한 얼굴의 남자는 빛나는 눈으로 나를 쳐다보다가 젓가락을 들었다. 우동을 목구멍으로 넘기는 모습이 왠지 안쓰럽게 보였다. 나에게 당했으면서도 그냥 가지 않고 우동을 먹고 있는 그의 감정을 더 이상 상하게 하면 안 될 것 같아 슬그머니 삐거덕거리는 문을 밀며 밖으로 나왔다.

밤하늘에 별이 반짝였다. 공원 앞 느티나무 아래에 섰다. 얼굴이 붉어지도록 화를 낸 자신이 부끄러웠다. 그런 내 마음을 아는지 느티나무가 잎들을 살랑살랑 흔들어 보였다. 이 공간이 없다면 얼마나 내 마음이 삭막해질까……. 가끔, 나는 사람들이 하는 말에 상처를 받는다. 무심코 하는 말들이 몸서리치게 싫을 때가 있다. 그럴 때마다 이 느티나무 아래로 달려온다.

나무 벤치에 앉아 있으니 미범이가 와서 말했다.

"은미 엄마, 왜 그렇게 화를 냈어? 그 남자, 어젯밤 우리가 퇴근한 뒤 가게에 왔었대. 서울 갔다 오는 길이었는데 우동을 먹으려고 배가 고픈 걸 참으며 왔다는 거야. 그런데 가게가 평소보다 30분 일찍 닫혀서 그냥 돌아갔다고 해. 얼마나 허망했겠어? 그래서 하루 만에 우리 집에 또 왔다는 이야기를 한 거였는데, 은미 엄마가 잘못 알아듣고 오해한 것 같다고 그랬어."

"미범아, 난 내가 하는 일을 돈과 연결시켜 말하면 정말 싫어. 나는 그냥 일할 뿐이야. 나에게 이런 일을 하라는 인생 각본이 주어져 있는 거야. 그래서 난 이 일에 충실해. 하지만 사람들은 내가 하는 일을 너무 쉽게 돈과 연결 짓잖아. 그래서 싫어. 그런 말이 나를 슬프게 해."

느티나무의 검은 몸퉁이를 껴안은 나에게, 미범이는 자신이 느티나무인 양 대꾸했다.

"은미 엄마, 나는 다 알아. 은미 엄마는 어린아이 같은 심성이 있어. 그 마음을 몰라준다고 지금 투정하는 거야. 세상 사람들은 그런 말을 할 수 있어. 하는 일을 돈으로 연결하는 건 지극히 현실적인 거야. 그것 가지고 골내면 어떻게 해? 은미 엄마만 상처받는 거야."

"몰라. 내가 왜 이렇게 바보처럼 살아야 하는지. 난 가끔 내가 왜 이 우동집에 있을까, 하고 생각해. 내 운명이 바뀌어 버렸구나, 하는 느낌도 있어. 하지만 난 이게 나의 현실이기 때문에 얌전하게 순응하고 있어."

미범이 손을 잡고 눈시울을 붉혔다.

"은미 엄마, 오늘따라 왜 이렇게 약해지는 거야? 그러지 마. 우린 우동 끓이는 수녀로 살고 있는 거잖아?"

가끔 우리를 수녀라 부르는 사람들이 있었다. 봉사하러 이곳에 파견된 수녀라 했다가, 가끔 화려한 원피스를 입으면 수녀가 타락했다고 하였다.

우리가 변하는 것을 사람들은 싫어했다. 세련된 옷을 입고 화려한 입술연지를 바르는 것을 싫어했다. 그냥 고향에 있는 이웃집 아줌마처럼 누나처럼 여동생처럼 남아 있기를 바랐다.

어떤 분은 달밤에 총각김치 거리를 다듬는 모습이 좋아서 가게에 들어왔다고 말했다.

묶은 머리를 풀어 빗질한 뒤 다시 쪽을 지고, 이것이 인생이야, 하며 가게에 들어오니, 나와 얼굴을 붉혔던 남자가 떠나면서 다음과 같은 쪽지 글을 남겨놓았다.

불 꺼진 창

캄캄한 밤
불 꺼진 간판을 보며
우동을 생각한다.
내일이 있기에
인제 그만 돌아가지만
닫힌 창문 사이로 우동 향은
나를 붙잡는다

이 글을 보고 마음이 아팠다. 다음에 만나면 짜증을 내서 정말 미안했다는 말을 꼭 전해주리라 생각했다. 그러고서 시간이 많이 흘렀지만, 종종 들르던 그 남자는 나타나지 않았다. 내 기억에서 잊힐 무렵 밤늦게 삐거덕거리는 문을 열고 얼굴이 까무잡잡하고 눈이 작은 그가 나타났다.

처음엔 그냥 아는 사람이라고 생각했으나 곧 그 남자라는 걸 깨닫고 얼른 달려가서 인사를 했다. 그리고 그때 일로 미안하다 했더니 그 남자는 고개를 흔들며 자신은 그 남자가 아니라고 잡아뗐다. 미범이와 내가 불을 꺼진 창이라는 글이 붙어 있는 벽을 손가락으로 가리켰더니 그 남자는 빙그레 웃으며 말했다.

"내가 이 집에 오는 이유는 딱 하나예요. 아줌마가 예뻐서 오는 것도 아니고, 시를 좋아해서 오는 것도 아니에요. 딱 하나 우동을 먹기 위해서지요. 그런데 내가 별스러운 이야기를 한 것 같지도 않은데 아줌마가 그렇게 화를 낼 줄은 몰랐어요."

"정말 순수한 우동 손님이신데 제가 몰라봤어요."

"나도 여자랑 거친 소리 안 하는데 그날은 그렇게 되었어요. 아줌마한테 그냥 혼만 나고 떠나면 그걸로 끝이기 때문이었지요. 같이 소리를 질러야 다음에 또 올 수 있지, 쩔쩔매다가 가면 이 우동을 못 먹게 되지 않겠어요? 사실, 난 그 후로 우동을 먹어본 적이 없어요. 이 집 우동 아니면 안 먹으니까."

하지만 그 남자는 그 이후 한 번도 가게를 찾지 않았다. 세월이 흘러 내가 늙으면 이 우동집을 그리워하며 살날이 올 것이다. 그때 나는 그 남자에게 잘못했다고, 작은 수녀가 되어 우동을 끓일 때의 그 마음으로 고해성사를 볼 것이다.

| 일곱 가락 |

비 오는 밤 너무 좋습니다

비가 오고 있다. 커피 한 잔을 들고 삐거덕거리는 문을 밀고 나왔다. 비가 들이치지 말라고 입구에 포장을 쳤다. 포장 아래에 낡은 탁자와 의자가 놓였다. 사람들이 밖은 야외 포장마차요, 안은 실내 포장마차라 했다.

의자가 삐거덕거렸지만, 엉덩이 붙이고 내리는 비를 본다는 것이 좋았다. 이렇게 굵은 비가 오는 날은 느티나무 아래까지 가기가 어렵다. 비를 홀딱 맞아야 하기 때문이다. 그래서 이곳에 앉아 느티나무와 대화하며 커피를 마신다.

느티나무와의 대화법은 『식물의 정신세계』를 읽고 터득했다. 그냥 애정 어린 눈으로 바라본다. 느티나무를 보며 내 마음에 담긴 세상 이야기를 한다. 그러면 말을 직접 하지 않아도 안다. 사람들 앞에서 말을 많이 하면 화가 될 수도 있지만, 느티나무 앞에서는 아무리 수다를 떨어도 문제가 되지 않는다.

비가 거칠게 내렸다. 바람에 흐느끼는 갈대의 울음소리가 들리는 듯했다. 거친 비에 나무 이파리가 아플 것 같았다.

멍하니 나무와 비를 바라보고 있는데, 빗속에 키 작은 남자가 서 있었다. 순간 온몸이 경직됐다. 내가 좋아하는 신경림 시인이었다.

오래전부터 〈갈대〉라는 시를 외우면서 그 시인을 좋아했다. 사진이나 텔레비전에서 봤던 것보다 훨씬 키가 작았다. 작은 키, 좁은 어깨, 작은 눈으로 세상을 넓고 깊게 보고, 작은 품으로 세상의 온 아픔을 껴안는 시인 앞에서 키 큰 나는 왜소함을 느꼈다.

부엌으로 들어와 미범에게 지금 내가 존경하는 신경림 시인이 왔다고 하니까 미범이는 부엌일은 자신에게 맡기고 이야기를 나누라고 했다. 신경림 시인은 야외 포장마차에 앉았다. 신경림 시인이 왔다고 몰려든 충주에서 사는 팬들이 있었다. 우동을 앞에 놓고 어울리지 않게 맥주를 마셨다.

나는 좋아하는 사람 앞에서는 늘 벙어리가 되어버리는 사람이라 얌전하게 앉아서 그들이 나누는 얘기를 듣기만 했다. 신경림 시인은 나에게 맑은 눈을 가졌다고 말했다. 그 나이에도 그런 눈을 가질 수 있다는 것이 신기하다는 말도 했다. 나는 그 말이 너무 좋았다.

젊었을 땐 눈이 깊고 맑아서 빨려들 것 같다는 말을 종종 들었지만, 농담이나 그냥 하는 소리라고 생각했었다. 하지만 신경림 시인이 하는 말이니 그저 하는 말이 아닐 것이다.

내 마음속의 신경림 시인은 화장실 같은 데도 안 갈 것 같은 분이니 말이다. 하지만 맥주 몇 잔을 마시고 난 후, 신경림 시인은 어리 빈 화장실에 다녀왔다. 나는 화장실 가는 길이 험해 염려되었다.

우리 집 화장실은 부엌을 통과해서 아주 옹색하게 난 길을 걸어가야 도달하는 곳이다. 돌 몇 개로 징검다리를 만들어 놓았지만, 사람들은 비 오는 날이면 화장실에 가다가 발을 젖곤 했다. 화장실 앞에 빨간 전등이 딸기처럼 켜져 있어 도깨비불 같다며 남자들도 가끔 겁을 내곤 했다. 사람들은 화장실을 고치라 하지만 나는 고치거나 바꾸는 일에 익숙하지 못하다.

하지만 그런 화장실 가는 길에도 좋은 게 있다. 그 길에서 풀꽃을 볼 수 있다는 것이다. 돌 틈에 피어난 풀꽃은 나를 늘 감동을 준다. 사람들의 시선을 사로잡기 위해서가 아니라 저 홀로 의미를 지니고 서 있는 이름 모를 풀꽃이 좋았다. 얼마쯤 내 모습을 닮았다고 생각해 보기도 했다.

신경림 시인 앞에 다소곳이 앉아 있는 나를 내숭 떤다고 다른 시인들이 놀렸다. 나는 양채영 선생님에게 약간 미안한 생각이 들었다. 양채영 선생님이 한국 문단에서 제일 큰일을 맡고 있던 어느 시인을 모시고 왔을 때, 내가 좀 시큰둥한 표정을 지은 적이 있었다. 그 시인이 나에게 처음부터 반말했기 때문이었다. 나는 그 시인의 시를 좋아했지만, 그 시인의 말과 태도가 싫었다.

유명한 사람이라는 것이 뭐 그리 대단한 것인가, 이렇게 소박하게 사는 사람들 앞에서 그 이름을 드러내려 해서 무슨 소용 있을까, 유명한 시인과 무명 시인이 무슨 차이가 있는 것일까…… 나는 그런 생각을 했다. 진실로 인간을 사랑하는 따뜻한 마음이 소중한 게 아닌가 하고.

양채영 시인은 이런 나의 마음을 이해할 것이다. 섬세한 감성으로 사물을 노래하는 양 시인의 시집 『한림으로 가는 길』을 나는 두 번이나 읽었다.

신경림 시인에게 하고 싶은 말이 입안에서 맴돌고 있었지만 나는 끝내 하지 못했다. 얼마 전 한 청년이 우리 집에 왔을 때였는데, 그는 이름이 없는 우동집이라서 찾기가 힘들었다면서 기발한 이름을 하나 갖고 왔다고 하였다.

그 청년이 가지고 온 이름은 신경림 시인의 시 제목 「달넘세」였다. 그는 이 시 제목을 우리 우동집 이름으로 달면 너무 어울릴 것이라는 말을 했다. 신경림 시인에게 그 얘기를 할 수도 있었지만, 나는 내내 입을 다물고 말았다.

사람들은 우리 집 간판에 관심이 많았다. 이름 없는 우동집에 간판을 달아주자는 기사가 어느 신문에 나기도 했다. 그럴듯한 이름이 많이 들어왔다. 글 비, 시가 있어 좋은 집, 허송세월, 순이네 우동집, 그곳에 가면 섬이 있다, 파도라 작은 기억, 시인과 나그네, 구름에 달 가듯이…… 등등.

이름을 얘기한 사람들이 왜 하나를 선택하지 않느냐고 투정해서, 한 번은 어느 신문사 사장이 처음으로 지어준 〈글비〉라는 이름을 택하려 했더니 또 한쪽에서는 그 이름을 하면 우리 집에 오지 않겠다고 밀해서 그만둬 버렸다.

이름이 없어서 서러운 것이 아니다. 화려한 이름이 이 세상에 얼마나 많은가? 오히려 이름값 하며 살기 힘든 게 이 세상이다. 나는 네온사인으로 빛나는 온갖 화려한 간판들을 보면서 이름 없는 우리 집의 소중함을 더욱 절실히 느끼게 되었다.

어느 날 이름도 성도 모르는 사람에게서 전화가 왔다. 신문에서 기사를 봤는데 자기 생각으로는 그냥 이름을 달지 말고 있는 그대로 있었으면 좋겠다고 했다. 모르는 사람의 전화를 받고 나도 그렇게 생각한다고 대꾸했다. 우리 집 이름은 〈있는 그대로〉라며 웃었다.

우리 집은 이제 내가 주인이 아니라는 생각이 든다. 처음부터 우리 집에 사람들은 관심이 많았다. 벽에 붙이는 벽지부터 사람들이 제공했다. 물통을 어디에 놓을 것인가를 집에 가서 생각했다는 어느 청년이 있었다. 무엇을 어떻게 할 것인가를 손님들이 정했다. 이렇게 구름에 달 가듯이 흘러온 것이다.

가끔 사람들이 문을 밀고 들어오며 물었다.
"아줌마, 이 집 시인이 하는 가락국숫집이에요?"
그러면 나는 대답했다.
"아니요. 시인은 외출했고, 난 종업원이에요."
이런 말을 하는 사람도 있었다.
"시인이 왜 이런 막일을 해요? 내가 알기로 시인들은 분위기 있는 한적한 곳에서 글을 쓴다든지 여행한다든지 그러는 것 같던데. 우리와는 아주 먼 사람들인 것 같던데."

우동집을 하기 전에 나는 정말 평범한 사람이었다. 나를 아는 사람들은 우리 회사 직원들과 이웃들뿐이었다. 그들은 회사 사모님, 이웃집 아줌마, 은미 엄마, 안 씨 집안 며느리 정도로 나를 알고 있었다.

글을 좋아한다는 말을 나는 거의 하지 않았다. 문학에 관한 관심 때문에 현실감을 잃어서 제대로 남편을 내조하지 못하게 될지도 모른다는 우려 때문이었다. 그래서 나는 문학에 대한 열정을 가슴에 숨겨야 했다.

내가 바라는 것은 우리 회사 직원들이 복되게 살아가는 것이었다. 맛있는 음식을 만들어 가끔 구내식당으로 보내주었고, 직원들에게 따뜻한 옷을 사주곤 했다. 그 시절에도 가끔 신문에 기고해 달라는 청탁을 받았지만, 나는 아는 것이 없다며 건방지게 거절하곤 했다.

좋아했던 것을 하지 못하고 사는 아픔도 컸다. 좋아하는 코스모스가 피는 가을이면 나는 서러워서 울었다. 길가 코스모스가 나를 유혹하면 나는 마음을 빼앗길까 봐 눈을 감아버렸다. 이런 내 마음을 아는 사람은 하나도 없었다. 그런데 재미있게도 우동집을 열고 일을 하다 보니 사람들이 나를 시인이라고 했다.

내가 보기엔 우리 가게에 들어오는 사람들 모두가 시인이다. 그들은 저마다 다른 삶을 살고 있다. 아무도 다른 사람의 삶을 살지 않고, 아무도 남이 흉내 낼 수 없는 삶을 살고 있다. 그러니 시인이 따로 있는 게 아니다. 한 번뿐이고 하나뿐인 각자의 소중한 삶이 모두 시이다. 나는 단지 그 많은 시를 바라보고 있을 뿐이다. 내 몸으로 나의 시를 쓰면서……

  작은 거인과 마주 앉은 시간은 온통 빗소리였다. 길고 깊고 빠르게 비가 내렸다. 느티나무 잎들이 세찬 비바람에 나부꼈다. 아픈 추억으로 갈대처럼 우는 듯한 울음소리를 냈다. 천둥과 번개가 쳤다. 신경림 시인 앞에서 나는 지워버렸던 시를 부르고 있었다. 코스모스도, 미치게 푸른 가을 하늘도, 나는 다시 불렀다. 회색빛 술잔 위에 내 눈물이 고였다.

  신경림 시인은 '비 오는 밤 너무 좋습니다'라는 글을 남기고 빗속으로 떠나갔고 양채영 선생은 '비 오는 밤 느티나무를 바라보며'라는 쪽지 글을 남겼다. 나는 말 한마디 못 하고 빗소리에 섞여드는 술잔 기우는 소리만 듣다가 다시 우동을 끓이는 여자로 돌아왔다.

| 여덟 가락 |

버섯 양산을 쓴 집

 피로에 지쳐 식탁 위에 얼굴을 묻고 달콤한 잠에 빠져 있는데 전화가 왔다. 잠에 취한 목소리로 전화를 받았다.
 "강순희 선생님이세요?"
 다급하면서도 반갑게 말하는 한 여자의 목소리를 들었으나 그렇다는 말도 제대로 할 수 없었다. 잠에서 덜 깼기 때문에 그저 멍할 뿐이었다.
 육체적인 피로는 때로는 정신을 마비시키기도 한다. 눈에 아무것도 보이지 않는다. 그저 집에 들어가 명주이불 덮고 푹 잠들 수 있다면 얼마나 좋을까 생각한다. 밖에 비가 내리니 더욱더 노곤했다.
 전화를 건 여자는 떨리는 목소리로 말을 이었다.
 "선생님을 찾으려고 얼마나 헤맸는지 알아요? 선생님과 이렇게 통화를 하게 될 줄은 꿈에도 몰랐어요."
 "그런데 누구시죠?"
 "저는 음성에 사는 ○○○라고 해요. 선생님이 쓰신 글을 십 년 전쯤 읽었어요. 그 글을 기억하세요? 그 글이 너무 가슴에 와닿아서 서른 번도 넘게 읽었어요."
 잠이 확 달아났다. 여자의 말이 어처구니없게 느껴졌다.

내가 무슨 유명한 사람도 아닌데 내 글을 그렇게 많이 읽었다며 흥분하고 있으니, 이 여자가 혹시 사람을 잘못 알고 하는 말이 아닌가 싶었다.

"여보세요. 저는 우동 끓이는 아줌마예요. 글 잘 쓰는 사람이 아니에요. 저는 유명한 사람이 아니라 그냥 글을 좋아하는 사람일 뿐이에요. 혹시 다른 사람으로 착각하신 거 아닌가요?" 여자는 앞뒤 안 가리고 말했다.

"아니에요. 선생님을 텔레비전에서 뵈었어요. 그때 그 사진이랑 똑같았어요. 방송국에 전화해서 알아봤어요. 오늘 비가 내리니까 제가 오후 두 시까지 충주에 갈게요. 어젯밤부터 선생님에게 전화하려고 잠을 설치고 남편의 허락도 받아놨어요. 지금 차를 타고 갈 테니 놀라지 마세요."

멍한 기분이었다. 누군가가 나를 만나러 오겠다는 말에 삐거덕거리는 문을 열어놓고 밖을 내다봤다. 도깨비처럼 전화를 건 여자는 누구일까? 내가 쓴 글을 서른 번을 넘게 읽어서 달달 외우다시피 한다는 이 여자의 말이 도저히 이해가 가지 않았다. 십 년 전 그때나 지금이나 나는 이름 없는 풀꽃으로 살았다. 그렇게 사는 것이 순리라고 생각해 왔다. 외모에 대해서는 때로 은근슬쩍 뽐낸 적이 있지만, 문학 앞에서는 고개를 숙일 만큼 숙였다. 나는 시인, 작가란 평생을 문학에 목숨 건 사람들이라고 생각했다. 그런데 내가 그런 작가인 양 이런 전화를 받았다는 것이 믿어지지 않았다. 내 글이 뭐가 좋아 달달 외웠다는 것일까?

혹시 정신적으로 이상이 있는 사람이 아닐까? 비는 내리고, 우동 향은 은은하게 떠돌고, 나는 아침에 받은 의문의 전화 때문에 기분이 뒤숭숭했다. 비가 온다든지 누군가 문학 이야기를 하고 간 후 나는 늘 이런 기분이 되었다. 미범이는 내 얼굴만 보아도 내 감정의 술렁임을 알아차렸다. 하지만 의문의 전화 때문에 들떠 있다는 것은 눈치채지 못하고 그저 비가 오니까 그러는가 보다 생각했다.

점심시간에 빗물을 얼굴에 맞으며 배달을 했다. 홀로 걸으며 느티나무를 쳐다보았다. 나는 늘 꿈꾸며 사는 느티나무에서 희망을 느꼈다. 언제나 오늘의 표정을 지우고 내일의 얼굴을 그리는 느티나무가 아닌가. 처음에 이곳에 나왔을 때 제일 처음 만났던 얼굴도 느티나무였으며, 내가 어느 날 이곳을 떠날 때 내가 마지막으로 보고 떠날 얼굴도 느티나무가 될 것이다.

배달하고 돌아와 수건으로 빗물을 닦는데 살짝 열어놓은 문을 활짝 열며 여자가 들어왔다. 바쁜 점심시간이라 잠시 잊고 있었던 그 여자였다. 여자는 노란 장미를 한 아름 안고 나를 보며 웃었다. 그녀는 우중충한 실내를 활짝 밝히는 노란 장미 한 다발을 들고 있었다. 유난히 샛노란 장미를 보며 여자 얼굴이 덧없이 환하게 느꼈다. 나를 다른 사람으로 잘못 알고 찾아왔으리라는 생각이 자꾸만 들었다.

"강순희 선생님이 노란 장미랑 잘 어울릴 것 같아 이 꽃을 사 왔어요. 정말 내 생각대로 선생님은 노란 장미랑 잘 어울리네요."

여자는 나에게 장미꽃 한 아름을 안겨주었다. 엉거주춤하는 내 가슴에 안긴 노란 장미가 놀랬는지 꽃 한 송이가 바닥으로 떨어졌다.

"어머나 불쌍해라."

떨어진 장미 한 송이가 내 품에 안겨 있는 장미 다발보다 소중하다는 생각에 주워서 입을 맞추었다.

"선생님, 제가 선생님을 얼마나 만나고 싶었는지 아세요? 만나고 싶어 병이 날 지경이었어요."

뜨거운 돌냄비 우동을 여자에게 대접하며 호기심에 가득 찬 표정으로 여자의 이야기를 들었다.

"선생님이 십 년 전 음성에 사실 때예요. 그때 선생님이 실성 문화제 하던 날 〈흙〉이라는 제목으로 글을 써서 장원한 적이 있지요?"

여자는 초롱초롱한 눈망울을 굴리며 물었다.

"맞아요, 그때 내가 결혼하고 처음으로 글을 썼던 기억이 나요."

"그거 보세요. 맞잖아요."

"제가 원래 문학을 좋아했지만, 남편이 큰 사업을 하고 있어서 남편 사업에 해가 될까 봐 아무에게도 문학을 좋아한다고 말하지 않고 입을 다물고 살았지요. 내 입으로는 한 번도 말하지 않아서 아무도 몰랐어요. 그때도 시집와 처음으로 쓴 글을 어떤 선생님께서 많은 칭찬을 해주시며 장원으로 뽑아주었지요. 그 선생님이 글을 많이 써본 사람이라고 계속 쓰라는 말을 했지만 나는 그 후 다시 글을 쓰지 않았어요."
 우리 집에 그 선생님의 글이 있다.

> 오랜 인연의 강순희 씨가
> 충주에 명소를 만들었군요
> 시가 있고
> 정이 있는 오아시스
> 우리 시대 언 가슴을
> 녹여 줍니다
> 반갑습니다

반숙자

 여자는 나의 손을 붙들고 말했다.
 "선생님, 그 글을 보고 정말 좋은 글이라는 생각이 들었어요. 나는 밤에 잠을 자다가도 그 글을 읽었어요. 읽고 또 읽고 또 읽었어요. 이 글처럼 좋은 글은 선생님이 다시는 쓸 수 없을지 몰라요. 이 글이 선생님의 명작이 될 거예요."
 흥분에 들뜬 표정으로 말하는 여자의 얼굴을 보며 내가 말했다.
 "아니에요. 뭔가를 착각하신 것 같아요. 나는 그때 그 글을 쓰고 한 번도 읽어보지 않았어요. 그 글은 제대로 수정도 하지 않은 글이에요. 어떻게 썼는지 기억이 나지 않아요. 그때

음성에서 흙을 버리고 서울로 이사 가는 사람들이 많았어요. 그때 그 상황을 그린 것 같은 기억이 나요. 얼마나 엉성하게 쓴 글인데 그 선생님이 평을 잘해 주셔서 미안하더라고요. 나는 다시 읽어보고 싶지 않은 글이에요."

"그 글을 보고 선생님을 찾으려고 편지도 해보고 전화도 해봤지만 모두 허사였어요. 저는 어젯밤에 선생님의 전화번호를 방송국에서 알아내고 잠을 설쳤어요. 우리 남편에게 가장 소중한 사람을 만나러 간다고 말했어요. 그리고 비가 오니 따뜻하게 이불 덮고 낮잠 자고 점심 먹으라고 상을 차려놓고 이렇게 외출한 거예요. 선생님은 글을 써야 해요. 화장기 없는 얼굴의 글을 써야 해요. 요즘 글들에 사람들은 질려 있어요. 오늘 제 말을 꼭 기억하시고 가슴을 울릴 글을 쓰세요."

여자는 나를 더 기죽게 했다. 한참 동안 문학 이야기를 하다가 가지고 온 가방을 뒤지더니 그 속에서 A4 용지 두 장을 꺼냈다.

"선생님이 낳은 자식을 선생님은 챙기지도 않았지요? 그럴 줄 알고 오늘 아침 잡지에 실렸던 이 글을 복사해서 가지고 왔어요. 이 글을 꼭 간직하세요. 아주 귀중한 재산이에요."

여자는 나에게 글을 넘겨주며 축축하게 젖은 내 앞치마를 쳐다보며 눈시울을 붉혔다. 여자가 나를 만난 후 실망하지 않을까 하는 슬픈 생각이 들었다. 환상이 깨져버릴 수 있는 시간이며 현실이었다.

여자는 손을 흔들며 빗속으로 사라졌다. 나에게 글을 써야 한다는 숙제를 남기고 느티나무 길을 따라 멀어졌다. 나는 내 손에 쥐어진 초라한 글 한 쪽을 읽기 시작했다. 뜨거운 눈물이 흰 종이 위에 살포시 떨어졌다.

흙

십 년 만에 외출을 한 기분이다. 한 켤레밖에 없는 구두를 신었다. 또박또박 소리를 내며 걸을 때마다 흙이 내 구두 밑창만큼 흔적을 남긴다.

날마다 장에서 만 원 주고 산 파란 플라스틱 슬리퍼만 신고 다니다 구두를 신으니 어쩐지 기분만은 좋았다.

산길에는 가을꽃이 피었다. 이름 없는 풀꽃, 아무 사랑도 받지 못하고 제 아름다움을 발하는 들꽃을 외딴 산 집에 살면서부터 가장 친한 친구로 여겨왔다. 어쩜 내 모습을 닮은 것 같아서 산 집 아줌마의 위안이 되었는지도 모른다.

대소 안 생골 산기슭에 자리 잡은 우리 집은 개 냄새, 소똥 냄새, 돼지 냄새가 풍기는 곳이지만 우리 아이들의 흙 묻은 손가락 사이로 웃음과 울음소리가 흘러나온다.

여름내 수박 농사 고추 농사에 까맣게 화장이 되어버린 내 얼굴, 애써 화장해도 남의 옷을 빌려 입은 것처럼 거울 속에 들어 있는 내 얼굴이 낯설기만 하다.

서울에서 농촌 생활을 모르고 살나가 푸른 초원을 백마를 타고 다닐 수 있다는 환상을 안고 시골로 시집을 온 나는 얼마나 빨간 황토가 원망스러웠는지 모른다.

시어머니가 무겁게 이어준 점심밥, 한쪽에 찌그러진 막걸리 주전자까지 들고 고개 너머 툇마루까지 점심을 나를 때 꼭 고개가 끊어질 것같이 아팠다. 얼굴이 탈까 봐 선크림을 바르고 밥 소쿠리를 머리에 이다가 시어머니가 화장품 냄새난다는 말을 무섭게 해서 겁을 먹고 걷다가 산모퉁이에서 돌에 걸려 넘어져 버렸다. 밥이 개망초처럼 흐드러지게 피어 있는 산모퉁이에 앉아 얼마나 통곡하며 울었는지 모른다. 산 귀퉁이에 피어 있는 이름 모를 풀꽃들이 보고 싶지 않아서 눈을 감아 버렸다.

밤이면 남편에게 서울에서 직장 잡아 살자고 시댁 식구 눈을 피해 바가지를 긁었다.

상록수 주인공이 되어 농촌에서 빛과 소금이 되어 살자던 최영신의 꿈은 산산조각이 되어 흩어지고 있었다. 커다란 목장 안에서 양반집 며느리 행세를 억지 춘향으로 해야 하는 나 자신이 한심하기 시작했다. 거칠게 터져버린 손등과 까맣게 그을린 얼굴이 촌스럽게 느껴졌다. 서울의 명동 거리가 그리웠다. 북적거리는 사람들과 어울려 젊음을 만끽하고 싶어졌다. 친구들과 친정 식구들 또 백화점에 걸려 있던 옷들이 보고 싶었다.

내 남편은 능력이 부족해서 시골 생활을 꿈꾸는 남자가 아니었다. 아무 곳에나 이력서만 내면 들어갈 수 있는 젊은 남자였다.

직장 생활은 죽어도 못 하고 대관령 목장처럼 우리나라에서 제일 큰 목장을 하고자 뿌리를 내린 사람이었다. 꿈과 야망을 품은 남편은 밤이면 서울로 살림 나가자고 꼬드기는 나의 유혹에 어느 날 넘어오고 말았다.

서울의 어느 건물 사장으로 직장이 바뀐 남편. 나는 아기 엄마가 되어 살림을 났지만, 서울은 내가 생각했던 처녀 시절의 환상과 꿈이 아니었다.

신이 부러워 샘을 낼까 봐 겁이 난다던 우리 집에 찬 바람이 불기 시작했다. 소똥 냄새와 산 꽃들의 향기에 취해 있던 내 남편의 가슴 안으로 화려한 향수 냄새가 스며들기 시작했다.

그토록 원했던 서울 생활이 나에게 환멸을 느끼게 할 줄은 정말 몰랐다. 송충이는 솔잎을 먹고 살아야 하는 진리를 마음 깊게 느끼게 되었다. 서울 여자가 아닌 나는 이미 촌부의 아낙이었다는 것을 뼈저리게 느끼며 떠나온 고향을 다시 그리워하기 시작했다. 맑게 흐르는 구름 조각이며 이름 모를 풀꽃, 음메 하고 우리를 찾는 젖소들이 못 견디게 보고 싶어졌다. 까맣게 그을린 얼굴로 점심밥도 나르고 싶고 내가 좋아하는 호박잎쌈도 먹고 싶었다.

하지만 남편에게 불어 닥친 서울 바람은 고향에 대한 그리움을 떠올리기에 앞서 모든 것을 다 포기하고 돌아서게 했다. 우리 가정에 불어오는 거친 서울 바람을 잠재우려면 이제 마지막 길을 택할 수밖에 없었다.

가을, 어느 가을날 어린 남매를 데리고 고향 산 집을 허탈

한 모습으로 찾았다. 남편을 서울의 화려한 그 불빛에 남겨놓고 산 집으로 돌아온 나는 부엉이가 무섭게 울어대는 외롭고 슬픈 밤을 기도하는 마음으로 아이들을 안고 지새워야 했다.

인적이 없는 산야를 헤매며 혼자 노래를 부르며 아픔을 삭였다. 아랫마을 사람들은 서울 새댁이 이제 미쳐버렸다고 말하며 수군거렸다.

내가 가장 사랑하는 것은 살찌지 않은 메마른 언덕에 피어 있는 이름 모를 작은 풀꽃이었다. 풋풋한 냄새, 신발을 신지 않고 걸어도 부드러운 빨간 흙, 감촉이 그렇게 좋을 수가 없었다.

고향이 그리면서도 망했다는 자존심 때문에 선뜻 돌아올 수 없었던 내 남편이 가을밤 조용히 흐르는 별이 되어 내 허술한 창가에 와닿았다. 자존심을 목숨처럼 귀중하게 느꼈던 젊은 패기를 어느 성당 신부님에게 받은 성경 속에 묻고 돌아온 것이다. 너희는 흙에서 났으니, 흙으로 돌아가리라는 진리가 우리 가슴에 자연스럽게 와닿았다.

그 후 황폐한 내 산 집을 수리하기 시작했다. 우리가 버리고 떠난 음메 하고 소리를 내는 젖소들을 다시 찾아오기 시작했다. 멋있는 산 집 아줌마가 되어 지저귀는 산새들과 이야기도 하고 들고양이 밥을 주기도 했다.

산 집 아줌마라 이름을 붙인 나는 절대로 바가지를 긁지 않는 착한 아내가 되었다. 이제 한 점의 부끄러움도 없고 불만도 없는 내 사랑하는 집, 바가지를 긁지 않는 어진 아내, 커피를 싫어하는 철이 든 남편이다. 우리에게 진정한 땀의 의미를 가르쳐준 서울 여행은 탕자들의 속 차림이 아닐 수 없다.

창문을 열면 한 움큼 들어오는 흙냄새, 하늘을 높게 날고픈 내 마음의 허영심을 잠재우고 평화와 고요 속으로 젖게 한다.

모처럼 신은 높은 구두 자국을 내 정든 산길에 남기며 이름 없는 여인이 되어 호박이랑 고추 참깨를 기르고 사는 내 마음을 포근하게 만든다. 옛날 우리 어머니 품속만큼이나 따듯하고 향기로운 이 흙의 고마움을 왜 모르고 방황했을까.

코스모스가 흐드러지게 피는 산언저리에 내 딸에게 가장 예쁜 엄마로 남기를 바라며 소녀 시절 그토록 좋아했던 코스모스를 내 버섯 양산을 쓴 것 같은 내 산 집에 잔뜩 심으리라.

2부

느티나무 손님

예약석

엉클어진 국숫발을
헤아리다가
휘날리고 싶어
시인의 공원에 나왔더니
하늘길을 헐떡이며
달려온 함박눈이
먼저와 앉아 있다

| 아홉 가락 |

매디슨 카운터의 다리

　우동집 문을 열어주었고 바쁘면 설거지를 해 주었던 친구 희수가 국제 변호사가 되려는 남편을 따라 충주를 떠났다. 한쪽 가슴이 떨어져 나가는 것처럼 아리고 아팠다. 하지만 나를 도와주는 좋은 동료를 만났다. 미범이라는 이름의 키가 작달막한 여자이다. 배가 조금 튀어나왔으며, 얼굴은 작고 귀여웠다. 웃을 때마다 미범은 앳된 소녀처럼 씩 하고 웃었다.
　미범이와 나는 우동집에서 서로의 몸을 의지하며 일했다. 우리 가게를 찾아온 사람들에게 따끈한 국물을 담아주고 정도 주고받았다. 힘든 일이었지만 마냥 힘들기만 한 것은 아니었다. 미범이나 나나 모두 이런 일을 처음 하므로 신기하기도 했다. 몸은 힘들었지만 둘의 마음을 나눌 수 있어서 좋았다.
　미범이는 성냥팔이 소녀처럼 머플러를 목에 감고 다녔다. 사람들은 미범이를 보고 임신을 했느냐고 물었다. 그녀가 듣지 못하도록 작은 목소리로 나에게 혹시 몸이 불편한 게 아니냐고 묻기도 했다. 하지만 둘 다 아니었다. 그녀에게는 내 딸 또래인 딸이 하나 있었다. 그리고 고물을 주우러 다니는 남편이 있었다.

미범이는 건강한 삶을 살고 있었다. 결혼해서 한 번도 놀아본 적이 없다고 말했다. 지금까지 궂은일을 하며 살아온 미범이가 안쓰러웠다. 그러나 부엌에는 따뜻한 우동 국물과 함께 늘 웃음소리가 있었다.

어느 날이었다. 점심시간이 지나고 조금 한가해지는 때에 문을 열고 들어선 손님이 있었다. 미범이와 내가 무척 호기심을 갖고 있던 남자였다.

훤칠한 키에 흰머리가 듬성듬성 난 하얀 얼굴의 남자는 우리 마음을 설레게 했다. 그는 항상 돌냄비 우동을 시켰는데, 그것으로는 양이 차지 않을 것으로 보여서 우리는 초밥과 김밥을 몇 조각 더 내가기도 했다. 그러면 남자는 깍듯한 말로 고맙다고 했다.

남자는 셀프서비스라는 것을 알고 직접 물을 떠다 마셨고, 숟가락과 젓가락도 직접 가져다 먹었다. 그는 우리를 조금도 힘들게 하지 않았다. 식사를 다 하고 나면 가끔 정종 잔을 시켜서 들었다. 그런 다음 남자는 핸드폰으로 전화를 걸었다.

"여기 우동집이야. 이곳으로 와."

우리는 당연히 우리 가게로 친구를 부르는 줄 알았다. 그러나 남자는 늘 전화하고 나서 5분 정도 지나면 가게에서 나갔다. 미범이와 나는 그것이 의문이었다.

"참 이상해. 우동집으로 오라고 해놓고 나가버리다니."

"정말 이상해. 왜 그럴까?"

일부러 사내를 따라 나가 볼 수는 없었다. 게다가 유리문 위에 쪽지 글이 다닥다닥 붙어 있기 때문에 가게 안에서 밖을 내다볼 수도 없었다. 하지만 결국 호기심을 견디지 못하고 붙어 있는 글을 살짝 뜯어내고 유리에 눈을 갖다 댔다.

검은 바바리를 걸친 남자가 가게 앞에 서 있었다. 그리고 마침 공원 왼쪽 길에서 검은 승용차가 미끄러지듯이 다가와서 사나이 앞에 섰다. 그러자 운전석에서 젊은 청년이 내려와 남자에게 깊숙이 고개를 숙인 뒤 문을 열었다. 그리고 사내가 차에 올랐고 차는 미끄러지듯이 사라져갔다.

남자는 거의 날마다 우리 집을 방문했다. 우리는 그가 무슨 일을 하는지 물어보지 못했다. 반짝거리는 그의 검은 승용차에 주눅이 들기도 했다. 그러다가 어느 날인가부터 조금씩 말을 주고받았다.

하루는 꽃샘바람 속에 장을 보러 갔다. 장 보러 가는 일은 배달 나가는 시간과 더불어 나에게 허용된 유일한 외출이었다. 우동집을 하고 나서부터 나는 물건 파는 상인들에게 겸손해졌다.

"많이 주세요. 조금만 더 주세요. 깎아주세요."

나는 이런 말을 하지 않았다. 예전에는 돈을 가방에 가득 넣고 다니면서도 입에 달고 하는 말이었다. 하지만 이젠 그런 말을 하지 않았다.

"고맙습니다. 이제 됐습니다. 잘 먹을게요."

나는 그렇게 정중히 인사를 했다. 물건을 파는 상인들의 거친 손이 얼마나 고귀한가를 알았기 때문이다.

꽃샘바람이 불던 그 날 나는 빨리 장을 본 뒤에 가게로 돌아왔다. 장을 보는 그 짧은 사이에도 우리 가게의 우동 향기가 그리웠다. 그런데 차에서 내려 시린 두 손에 입김을 불면서 가게 문을 밀고 들어서니 그 의문의 사나이가 미범이와 함께 앉아 있는 것이었다.

사나이는 나를 보고 반가워하며 난로에 손을 녹이라고 했다. 그러고는 마시고 있던 정종을 나에게 권했다. 우리 집 정종의 이름은 불타는 정종이었다. 찌그러진 냄비에 뜨겁게 데우면 알코올이 날아오르며 불꽃이 일었다. 그것을 입으로 불어내고 마시면 맛이 좋다고들 했다.
나는 엉겁결에 정종을 받아 들고 커피처럼 홀짝거리기 시작했다. 이 세상에 태어나서 처음으로 마셔보는 술이었다. 나는 술자리에 갈 기회가 없었을 뿐만 아니라, 술을 마실 줄 모르는 사람으로 알고 있었다. 사실 내가 술을 마실 줄 아는지 아닌지 알아볼 기회도 없었다.
첫 모금을 마실 때부터 헛기침이 나왔다. 그래도 나는 계속 헛기침을 하며 한 잔을 다 마셨다. 그러고 나니 팔다리가 저렸다. 약간 들뜬 기분이었지만 정신은 말짱했다.
나는 그렇게 의문의 사나이 앞에서 술 마시는 걸 배웠다. 그리고 그 뒤로 가끔 그 의문의 사나이와 정종 한 잔씩을 나눴다. 그 남자의 신분을 알고 나니 마음이 놓였기 때문이었다.

어느 날, 어떤 손님이 그 사나이를 보고 반가워하며 텔레비전에 나오는 모습을 봤다고 말하는 걸 들었다. 나는 그 손님에게 남자가 무슨 일을 하는 분인지 물어보았다. 그렇게 해서 알고 보니 그분은 이름 있는 중소 기업체의 사장이었다.

그 회사에 우리 친구 남편이 이사로 근무한 적이 있었다. 그래서 친구에게 전화해서 물어봤더니 그 회사는 어떤 튼튼한 대기업의 형제 회사여서 어려움이 없다고 했다. 그렇게 나는 그의 신분을 알게 된 것이었다.

하지만 그 남자는 내가 자신에 대해 아무것도 모르는 줄 알고 있었다. 나는 그가 자신의 신상이 밝혀지면 절대로 이 가게에 발을 들여놓지 않겠다는 말을 들었다. 공인이라 자유롭게 술 한 잔 마시지 못하는 것이었다. 나는 그의 외로움을 공감할 수 있었다.

미범이와 나는 그의 신분을 알고 난 뒤에도 평범한 낯으로 대했다. 그러면서 우리는 친해졌다. 우리는 종교에 관한 대화도 많이 나누었다. 그는 그림을 좋아한다는 말을 했다. 미범이는 고물 주우러 다니는 남편 이야기를 많이 했다. 그런저런 자잘한 삶의 이야기를 하며 우리는 서로 공감을 나누었다.

하지만 그러던 어느 날부터 남자가 오지 않았다.

"우리가 자기 신분을 안다는 걸 알게 된 걸까?"

그렇게 말하면서 미범이는 언젠가 다시 나타난다면 그와 함께 밖에서 꼭 커피를 마시자고 덧붙였다.

"그래, 우린 그랑 커피 한 잔 마실 만해. 우리랑 친했으니까."

사실 그 사나이와 우리 사이엔 봄이 오면 월악산에 한번 가보자는 약속이 있기도 했다. 그러나 남자는 한 달이 지나도 오지 않았다. 그렇게 그는 우리에게 조금씩 잊혀갔다.

하지만 비 오는 어느 저녁나절, 검은 양복의 사나이가 문을 밀고 들어섰다. 우리가 내심 기다리고 있던 그 남자였다. 우리는 반가움에 얼굴을 붉히며 어쩔 줄 몰라 했다. 사나이도 우리 집이 무척 그리웠으며, 우동을 먹고 싶었다고 말했다. 알고 보니 그는 캐나다로 해외 출장을 갔다 온 것이었다.

마침, 그날따라 많은 일로 지쳐 있었던 우리는 이 남자와 이야기하며 정종과 차를 나누고 싶었다. 그러나 아랑곳없이 손님은 하나둘 쉬지 않고 자꾸만 들어왔다. 어떤 여자 손님이 들어와서 쫄면을 시켰을 때는, 미범이와 내가 동시에 원망 어린 눈빛으로 여자를 바라보기도 했다.

남자는 외국에서 있었던 이야기를 들려주었다. 그의 이야기 속에는 아주 환상적인 이야기도 있었고, 또 우리 가게에 도움이 되는 이야기도 많았다.

그는 인간적이고 매력적인 오십 대의 사내였다. 돈이 좀 있고 명예가 좀 있다 싶은 사람들 앞에 우리 스스로 작아졌지만, 그와 스스럼없이 편해졌다.

봄눈 오는 날, 우리는 그 사내랑 월악산까지 드라이브하기로 했다. 미범이가 얼마나 보챘던지 남자가 직접 차를 가지고 우리 집 문 앞까지 오기로 약속했다.

시장에서 통 구두를 준비하고 어떤 옷을 입을지 망설이고 있는 미범에게 내가 말했다.

"갑자기 예쁜 옷을 입으면 우리를 몰라볼지도 모르니 앞치마를 입고 가자."

미범이는 자신이 산 통가죽 신발을 신어 보다가 말했다.

"앞치마를 입고 가자고? 말도 안 돼. 춘삼월이니 진달래색 블라우스를 입고 갈 거야. 은미 엄마도 근사한 보라색 원피스를 입어, 응?"

근사한 외출을 꿈꾸는 미범이 앞에서 웃음이 나왔다.

오후에 밖에서 차 소리가 들려왔다. 그 시각에 올 사람이라면 그 남자가 아닐까, 하고 미범이와 나는 문을 열었다. 과연 그 남자가 가게 앞에서 웃고 있었다. 차 안에는 운전기사가 앉아 있었다. 동작이 빠른 미범이는 재빨리 통가죽 신발을 신고 진달래색 블라우스를 입었다.

하지만 차에 오르려 할 그 순간에, 우리의 근사한 외출이 시작될 그 순간에, 이웃집 철물점 아줌마가 나타나 우리를 가로막았다.

"아이고, 어딜 가려고 미범이가 이렇게 예쁘게 차려입었어?"

그러면서 아줌마는 비가 와서 싱숭생숭하다는 둥 어떻다는 둥 하고 중얼거렸다. 아줌마의 수다에 밀려 우리는 어쩔 수 없이 가게로 들어와서 차를 마셨고, 그러는 사이 어색해하던 남자는 그냥 가버리고 말았다. 멋진 드라이브의 꿈이 산산조각이 난 것이었다.

그날 이후부터 우리는 또다시 삐거덕거리는 문을 밀고 들어설 남자를 기다렸지만, 그는 오지 않았다. 하루하루 몇 날이 지나면서 금방이라도 문을 열고 들어설 것만 같은 남자가 너무 보고 싶었다. 하지만 그는 오지 않았다. 혹시나 회사가 잘못되어 검은 바바리 주머니에 동전 몇 닢만 철렁이며 어디론가 떠나버린 게 아닐까 하는 우스운 공상을 하기도 했다. 그러나 그런 건 아니었다. 남자를 충주에서 보았다는 사람들의 이야기를 듣곤 했다.

언젠가 남자가 꺼냈던 말이 생각났다. 『매디슨 카운티의 다리』는 이별했기 때문에 아름다운 것이라는 말이었다. 그러고 보니 그 말은 이별의 암시였다. 남자는 우리 곁을 떠난 것이었다. 우리는 그렇게 이별의 아픔을 알았다. 그가 왜 우리에게 이별을 선언했는지 알 수 없었지만, 오랜 시간이 흐른 후에야 다시 그를 만나게 되리라는 생각이 들기도 했다.

공원 느티나무의 검은 가지가 바람에 흔들렸다. 어떤 심상치 않은 꿈을 꾸고 있는 듯했다. 산모가 아이를 해산하기 위해 격한 진통을 겪고 있는 듯이 보이기도 했다. 자세히 보니 느티나무 잎이 나오고 있었다. 추운 겨울 동안에도 속으로 키워온 꿈을 펼치기 시작한 것이었다. 나는 손뼉을 치고 환호성을 올리며 설거지하고 있던 미범이를 불렀다.

"이것 좀 봐. 얼마나 기특하니. 이렇게 잎을 키우고 있었어. 아무도 모르게."

미범이는 달빛 아래서 살며시 웃었다. 그녀는 작은 몸으로 나무를 만지며 말했다.

"아이를 또 하나 안고 싶어. 이렇게 봄이 되면 아이를 낳고 싶어."

나는 그 말에 당황했다.

"무슨 소리를 하는 거야. 우리는 지금 사십 대야. 리영이가 있는데 무슨 아이를 또 낳고 싶어 하는 거야."

"리영이는 혼자여서 외로워. 리영이는 늘 밖으로 나돌아. 형제가 없어서 친구를 찾는 거야. 그리고 리영이 아빠도 아들을 하나 더 낳아주기를 바라."

미범이는 아이를 하나 더 얻기 위해 시험관 아이를 몇 번이나 시도했지만 실패했다고 했다. 고물을 주우러 다니는 남편과 시험관 아이를 갖기 위해 몇백만 원을 들였다는 것이 이해가 안 되었다. 먹고살기도 힘들면서 무리하게 아이를 낳으려 하는 미범이에게 나는 내 마음속에 있는 말을 했다.

"미범아. 자연스럽게 생기면 모를까, 왜 억지로 아이를 낳으려 해. 사람이 태어나고 죽는 것은 자연스러워야지. 억지로 사람을 만들고 죽이고…… 그런 건 사람이 할 일이 아니야. 그건 조물주의 몫이야. 의학이 발달했다고 해도 인간들 편의에 따라 사람을 태어나고 죽게 하는 건 옳지 않아."

미범이는 내 말에 고개를 끄덕였다. 이후 그녀는 더 이상 아이 이야기는 꺼내지 않았다.

미범은 어려서 허리를 크게 다쳤다. 그래서 배가 불룩 튀어나오게 된 것이었다. 사람들은 소녀 같은 미범에게 임신했느냐는 소리를 종종 했는데, 그래서 미범이 늘 아이를 낳고 싶어 했는지 모르겠다. 작은 몸매의 그녀가 짓는 환한 웃음은 그녀만이 갖고 있는 아름다움이었다.

미범이는 나이 차이가 15년 나는 남자와 결혼했다. 미범이 밤에 고무통 속에서 목욕했는데 남편이 몰래 훔쳐보았다고 한다. 그 모습을 상상만 해도 재미있었다. 미범은 소녀처럼 자신은 사랑이 무엇인지 모르고 시집왔다고 했다. 고물을 줍는 남자가 자기를 너무 좋아하는 것이 부담스럽다는 말도 했다. 죽도록 좋아하는 사랑을 하고 싶다는 얘기도 했다.
　미범은 더 이상 우리를 찾지 않는 그 의문의 사나이와 같은 사람이 좋다는 말을 하며 하늘을 쳐다보았다. 우리가 그에게서 느낀 감정은 같은 것이었다. 그것은 남녀 간의 감정이라기보다도 인품에 대한 감동 같은 것이었다. 자신보다 못한 사람을 따뜻하게 배려하는 그 모습이 좋았다.

　허름한 우동집의 삐거덕거리는 문을 밀며 들어선 그 사나이가 우리를 유혹하려 했다고는 전혀 생각되지 않는다. 그는 우리의 터진 손등에 부드러운 연고 같은 것을 들고 온 사람이었다. 남자 손님 중에 간혹 엉뚱한 눈빛을 우리에게 던지는 사람도 있지만, 그 사내는 순수한 마음으로 우리를 대하면서 도움을 준 사람이었다.
　미범이 그 남자를 기다리고, 내가 그 남자를 그리워하는 이유를, 추운 겨울을 지나 파란 잎들을 키워낸 느티나무는 잘 알고 있을 것이다.

| 열 가락 |

책상 빼 소리 듣는 날까지

    점심시간이면 사람들이 몰려들기 시작했다. 우동집을 하지 않았더라면 한 번도 만나보지 못했을 사람들이었다. 길들여지기 전까지는 이들 낯선 사람들을 만난다는 것이 여간 부끄럽지 않았다. 그들 모두가 날 쳐다본다는 것에 익숙하지 못했다. 가게 바닥으로만 눈길을 내리고 걸어 다니다가 우동 그릇을 엎지르기도 했다.

    사람들이 작은 발이 쳐진 주방 부엌 안을 들여다보는 때도 있었다. 그럴 때면 나는 팔랑개비처럼 돌아가는 기름때 찌든 환풍기를 쳐다보며 그들이 더럽다고 흉을 볼까 봐 가슴을 졸였다. 가게 안의 모든 물건이 비위생적으로 느껴지기도 했다.

    한번은 한국통신에 다니는 조 부장이란 단골분이 부엌 안으로 얼굴을 들이밀며 말했다.

    "강 사장, 고개 좀 들어봐요. 강 사장이 좋아하는 비가 내려요."

    깜짝 놀라 고개를 들고 쳐다보니 그가 말을 이었다.

    "사람 쳐다볼 줄도 알아요? 고개를 들지 않아서 늘 우동 끓이는 뒷모습만 보고 갔더니."

그는 영국제 바바리코트를 입었고, 안경을 쓰고 있었다. 그는 점심시간이면 하루도 거르지 않고 사람들과 함께 우리 집에 와서 우동을 들었다. 언젠가는 함께 온 키 작은 남자가 이런 말을 꺼냈다.

"아줌마 보러 날마다 우동 먹으러 가자고 조 부장이 그래요. 정말 딴 것 먹고 싶은 날도 조 부장이 우동을 좋아하니 이 집에 올 수밖에요."

그러자 조 부장이 빙그레 웃으며 말했다.

"나는 이 집에 우동을 먹으러 오는 것이 아니라 정을 먹으러 와. 무엇인지 모르게 연민의 정이 느껴지고, 밖에서 먹는 음식 같지 않아. 밖에서 먹으면 조미료가 많이 들어가서 느끼한데 이 집은 담백하거든. 주인도 어정쩡해서 좋아. 왠지 모르게 나는 점심시간을 기다리게 되더라고."

조 부장의 말에 얼굴이 화끈 달아올랐다. 이 누추한 집을 저런 신사가 좋아한다는 것이 믿어지지 않았다. 아마 조금 지나면 싫증을 내게 되겠지, 나는 그렇게 생각했다.

조 부장은 이따금 화장실 청소를 해주었다.

"이 집 화장실 청소하기가 얼마나 재미있는 줄 알아? 재래식에다. 거기까지 가는 길은 또 굉장히 멀거든. 허허."

그는 화장실 청소를 마치곤 손을 씻으며 언제나 좋은 낯으로 웃었다.

비가 거칠게 쏟아지던 날 조 부장은 우산을 쓰시 않고 우리 집으로 달려왔다.

2부 느티나무 손님

"아줌마. 이렇게 비가 오니 이 집에 오지 않고 못 배기겠더라고요."

나는 조 부장의 젖은 바바리코트 깃을 멀거니 바라보았다. 그가 말하면 가만히 듣고 고개만 끄덕였다. 외간 남자랑 마주 보며 이야기를 나누면 나는 언제나 입이 얼어붙었다.

따뜻한 커피 한 잔을 말없이 내밀었다. 한데 그의 얼굴이 예전처럼 밝아 보이지 않았다.

"나는 지금 못 할 짓을 하고 오는 길입니다. 사랑하는 부하들의 사표를 처리했어요. 모두 가장들인데 이제 실직자가 되었으니 어쩌지요?"

조 부장의 눈에 빗물 같은 눈물이 고였다. 마른 수건을 내밀며 실직당해야 하는 사람들의 앞날이 어떻게 될 것인가를 생각했다.

"정말 내 팔다리를 자르는 느낌입니다. 내가 이런 짓을 해야 한다는 사실이 얼마나 어처구니없는지……."

그러면서 조 부장은 내가 물어보지도 않은 자신의 신상 이야기를 털어놓았다.

조 부장은 천주교 집안 출신으로 가톨릭대학을 나와 신부가 되었다가 신부복을 벗어야 하는 사연이 있었다. 사제의 길을 끝까지 갈 수 없었던 것은 자신의 가슴속에 살아 있는 감성이 너무 진했기 때문이라 했다. 인간적인 정에 약해 의로운 신부가 될 수 없었다는 것이다. 그래서 인생길을 다시 바꾸어 일반대학에 다닌 뒤 직장인이 된 것이었다.

조 부장이 왜 우리 집 화장실 청소를 그토록 열심히 해주었는지 이해가 갔다. 그런데 바로 그때 한 남자가 삐거덕거리는 문을 열고 들어와 소리쳤다.

"이놈의 자식. 네가 나한테 이럴 수 있어? 죽여 버릴 거야. 내 목을 치다니."
"김 계장. 미안해요. 나도 당신 때문에 고민 많이 했어요. 당신 아들이 아프다는 것도 알아요."
"알기는 뭘 알아, 이놈아. 내가 먹기 싫은 우동을 점심시간마다 따라와서 먹었는데, 우동집에 앉아서 어쩔 수 없이 나를 잘랐다고 말하는 거야?"
김 계장은 나를 쏘아보며 말했다.
"아줌마, 우리 앞에서는 고개도 들지 않더니 조 부장 앞에서는 너스레를 떨고 있군요?"
"아니에요, 아저씨, 진정하세요. 조 부장님도 지금 마음 아파하고 있어요."
"아니, 이 아줌마가 조 부장 편을 들고 있네. 이놈은 누구에겐가 칼침을 맞을 거야."
김 계장이라는 사람은 냉장고에서 소주 한 병을 꺼내어 꿀꺽꿀꺽 들이켰다. 초겨울 비가 시멘트 바닥을 딱딱 때리며 내렸다. 조 부장은 내내 말없이 창밖을 쳐다보고만 있었다. 김 계장은 술 한 병을 다 마시고 울기 시작했다.
"사실 조 부장님이 무슨 죄가 있겠어요. 우리들을 다독거린 죄밖에 없죠. 나는 조 부장님이 무척 인간적인 분이란 걸 알아요. 해외통신에 있으면서 인정받아 더 높이 갈 수 있었는데 인간적인 것을 좋아했기에 아부하지 않았지요. 그동안 나 때문에 마음고생 많이 하셨어요."

조 부장의 눈에 빗물을 밀어내며 뜨겁고 진한 액체가 고여들고 있었다.

"아줌마. 내가 신부복을 벗은 후 세상살이가 이렇게 고달플 수가 없어요."

"신부복을 벗었다지만 어찌 마음으로 입은 옷까지 벗었겠어요. 병들어서 마음 아픈 세상 사람들에게 따뜻한 정으로 대하라는 하느님의 부름이 있었겠지요."

처음으로 조 부장 앞에서 입을 열었다.

"지긋지긋한 직장이 남자에게 전부라는 것을 몰랐어요. 조 부장님, 나는 어떻게 해요. 내 자리가 없어졌으니, 마누라한테 가서 무어라 말해야 합니까."

김 계장이 말했다.

"다시는 이곳에 오지 않을 겁니다. 다시는 내가 싫어하는 밀가루 음식을 먹지 않을 겁니다."

김 계장은 뜨거운 우동 국물 한 사발을 마신 뒤 빗속으로 걸어갔다. 그가 남긴 마지막 말이 내내 가슴을 쓰리게 했다.

조 부장은 즉석에서 이런 글을 써놓고 가게를 나섰다.

즉석 각기우동집

즉석 각기우동집에 앉아
허기진 밥통을 끌어안고

칸막이 뒤에서 어설피 미소를 지을
그대를 생각합니다

쫄깃한 면발 면발마다
살아 숨 쉬는 그대의 손길
즉석 각기우동집의 맛은 사랑입니다

어깨 뒤로 감미로운 가락국수의 향기는
주방에서 우릴 향해 달려오고 있는
그대의 숨결이 아닐는지요

  IMF는 많은 사람들에게 인내하기 어려운 슬픔과 고통을 안겨주었다. 회사를 경영한 사주도, 월급 받으며 일하던 사원들과 그 가족들도, 모두가 슬픔과 고통을 공유해야만 했다. 우리 가게 한쪽 벽에 붙어 있는 〈서시〉라는 제목의 장난스러운 아래의 글에도, 누구나 한눈에 알아볼 수 있는 슬픔이 배어 있다.

서시

책상 빼 소리 듣는 날까지
밥통을 우러러 한 점 부끄럼 없기를
점심때만은 누가 뭐래두
즉석 우동집에 가야만 했다

우동을 찬양하는 마음으로
마지막 면발 한가락이라도
맛있는 것처럼 게걸스레 넘겨
강 사장한테 잘 보여
명퇴당하면 주방에 취직해야지

오늘 점심시간에는
어깨 너머 허기진 뱃가죽을 유혹하는 우동 향이
더욱 처절히 코끝을 스친다

| 열한 가락 |

저 눈이 모두 쌀이라면

 긴 머리에 윤기가 자르르 흐르는 키 작은 아가씨가 아장아장 걷는 어린아이를 데리고 들어섰다. 아이는 눈이 작은 게 아가씨를 닮은 모습이었다.
 "아줌마, 혹시 수녀님 아니세요?"
 "아니요, 전혀 아니에요. 아가씨만 한 딸이 있어요. 아주 가끔 사람들이 그런 말을 해요."
 "저는 아줌마 옷차림이나 머리 모양과 표정이 항상 수녀님 같다고 생각했어요. 항상 웃고 계시잖아요. 힘드실 텐데 저렇게 웃으면서 일을 할 수 있을까 하는 생각을 했어요."
 작은 아가씨는 아이에게 우동 가락을 먹여주면서 말을 이었다.
 "눈이 펑펑 쏟아지는 날이라서 아줌마를 찾아왔어요. 한 번도 말하지는 않았지만, 이곳에 몇 번 왔었어요."
 "아가씨가 지나가다가 따뜻한 호빵 두 개를 나에게 주고 간 적이 있잖아요? 내 생각이 나서 샀다면서. 그 따뜻한 빵을 받아쥐고 얼마나 가슴이 뛰었는지 몰라요."
 작은 아가씨는 우동 한 그릇을 아이와 함께 비우고 졸려 보이는 아이를 토닥거리며 무릎에 재웠다. 아이는 작은 눈을 끔벅이다가 눈을 감았다.

"아줌마, 나는 이곳에 오면 마음이 열려요. 아줌마의 젖은 행주치마나 물 묻은 신발을 보면 꼭 우리 엄마 같다는 생각이 들어 말을 걸고 싶어요."
작은 아가씨의 눈에 물기가 고였다.
"아가씨, 갑자기 왜 그래요. 울지 말아요. 아가씨가 울면 내 마음이 아파져요. 울지 말고, 하고 싶은 말을 하세요."
깨진 문틈으로 나비처럼 내리는 하얀 눈이 보였다.
"아줌마, 이 아이 아빠가 없어요."
"아가씨가 엄마예요?"
"네. 하지만 아무도 몰라요. 내가 엄마라는 것을 여태껏 숨겨 왔어요. 그런데 엊그제 부산에서 이 아이를 데려가겠다고 찾아왔어요?"
아가씨라 생각했는데 아이 엄마라니 놀라웠다. 갓 스물을 넘긴 나이로 보였다.
"제가 아이 엄마라 하면 아무도 안 믿어요. 하지만 나는 스물세 살에 정식으로 결혼했어요. 세상에서 제일 사랑하는 사람과 사람들에게 축복받으며 결혼했어요. 하지만 신혼의 꿈이 가시기도 전에 저는 혼자가 되어버렸어요. 직장 친구들과 어울려 술을 먹었는데, 남편이 패싸움하는 사람들을 말리다가 그들에게 맞아서 세상을 떴어요. 이런 일이 정말 가능한가요?"
아이 엄마의 속눈썹에 맺힌 눈물이 아침에 갓 내린 이슬

같았다.

 그렇게 어처구니없이 혼자가 되어버린 그녀는 이미 홀몸이 아니었다. 그녀의 몸속에는 아빠 없이 세상에 태어날 아이가 자라고 있었다. 주변 사람들이 낙태하라는 말을 했지만, 그녀는 뱃속에서 옴지락거리는 아이를 지울 수 없었다. 남편의 혼이 자신의 배 속으로 들어와 아이를 보호하고 있다는 생각이 들었다.
 여자는 하얀 오리털 파카 안주머니에서 코팅된 사진 한 장을 꺼내 탁자 위에 놓았다. 아이의 작은 눈을 닮은 남자였다. 그 사진을 보고 있으려니 그가 이 세상 사람이 아니라는 게 믿어지지 않았다.
 그녀는 부산에 있는 시댁에서 아이를 낳고 거기서 일 년을 살았다고 했다. 자신은 시댁 식구들과 함께 살고 싶었지만, 젊은 나이에 수절할 수 없다며 아이만 남겨두고 친정으로 돌아가기를 시댁에서 원했다.
 시부모의 결정이 부당하다면서 버텼지만, 그녀는 오래 끌 수 없었다. 희생도 사랑도 서로가 원할 때 가능한 것이다. 그녀는 아이를 남겨놓고 친정인 충주로 돌아왔지만, 아이가 눈에 밟혀 견딜 수가 없었다.
 결혼을 빨리하느라고 중단했던 공부를 다시 시작했고, 낮에는 건축사무실에 근무하게 되었다. 사람들은 모두 그녀를 아가씨라 불렀다.
 직장에서는 그녀를 따라다니는 총각들도 많았다. 그만큼

그녀는 젊은 청년들의 사랑을 받기에 아주 젊고 아름다웠다. 하지만 가슴에 담아 온 죽은 남편과 살아 있는 아이를 잊을 수 없었다. 세월이 흐를수록 그리움은 점점 더 깊어질 뿐 지워지지 않았다.

여자는 꿈꾸었다. 그토록 보고 싶었던 남편이 나타났다. 남편은 영화 〈사랑과 영혼〉의 주인공처럼 허공에 떠 있는 듯한 표정으로 그녀에게 손짓했다. 그녀는 한없는 그리움으로 떨면서 남편에게 손을 내밀었다.

하지만 남편은 따라오지 말라는 시늉을 했다. 뿌연 안개 속에서 손을 잡으려고 실랑이하며 안타까워했다. 그러다가 안개가 걷히고 손에 잡히는 것이 있었다. 고사리같이 귀여운 아이의 손이었다. 그렇게 엄마와 아들의 손을 잡게 해주고 남편은 떠났다.

여자는 깜짝 놀라 다음 날 바로 아이를 데리러 부산으로 갔다. 비릿한 바닷바람이 여자를 에워쌌다. 남편의 손을 잡으려고 실랑이했던 꿈속에서처럼 바다 안개가 가득 찬 해운대에 여자는 혼자 서 있었다. 스물다섯의 그녀는 그 많은 추억을 바닷물에 던지며 아이의 손을 꼭 붙잡고 살리라고 다짐했다. 하얀 물거품이 되어버린 지난날을 그녀는 잊기로 했다.

생선 장사를 하며 아이를 기르고 있는 시어머니 시아버지께 큰절하고 그녀는 아이에게 손을 내밀었다. 아이는 자꾸만 처음 만난 엄마를 보고 할머니 치마폭으로 숨었다. 그녀는 한참 동안 울면서 아이의 손을 잡으려 안간힘을 썼다.

갑자기 아이가 엉엉 울기 시작했다. 엄마의 얼굴도 기억하지 못하고 살아야 했던 아이는 한참을 울더니 엄마의 손을 잡았다. 여자는 아이의 손을 다시는 놓지 않으리라 다짐했다.

여자는 잠자는 아이의 얼굴을 어루만지면서 말했다.
"아줌마, 내가 지금, 이 아이를 키우기에는 역부족이에요. 하던 공부도 중단해야 하고, 직장도 다닐 수 없어요. 이 아이를 데리고 할 수 있는 일이 별로 없어요."
가슴에 큰 바윗덩어리 같은 것이 내려앉는 느낌이었다. 잠자는 아이의 검은 머리카락과 실낱같이 작은 눈…… 이 예쁜 녀석을 엄마가 기르지 않으면 누가 기를 것인가?
"아가씨, 아니, 아기 엄마. 걱정하지 말아요. 세상에 태어난 생명은 모두 의미가 있는 것이니, 먹고사는 복도 지니고 태어나는 법이야. 산 입에 거미줄 치겠어요? 아이는 엄마가 길러야 해요. 나이 드신 시부모가 어떻게 아이의 앞날을 책임질 수 있겠어요. 아주 천천히 일자리를 알아봐요. 반드시 좋은 일이 있을 거예요. 이렇게 눈이 내리고 있으니까요"
여자의 가냘픈 손이 떨렸다. 작은 눈썹도 오물거리는 입도 모두 떨고 있었다.
"아줌마, 눈이 내리는 날 우리 엄마는 눈이 쌀이라면 좋겠다고 말했는데 내가 지금 그런 심정이에요."
나는 그녀에게 좋은 일만 있을 테니 걱정하지 말라고 말했다. 그러고는 여자가 자식을 책임진다는 것이 얼마나 힘든 일인지 이를 직접 체험하고 있는 내가 그렇게 말했다는 것에 가책을 느꼈다. 책임질 수 없는 말을 한 것이었다. 가장(家長) 없이 살아가야 하는 막막함을 그 누가 알 수 있을까? 하얀 눈을 밟으며 총총히 걸어가는 젊은 모자의 어깨 위로 함박눈이 펑펑 쏟아지고 있었다.

눈 내리는 날

창호지 문틈으로 보이는 세상은
걱정거리가 없는 세상이다
머리맡에 쌀바가지를 놓고
저 눈이 모두 쌀이라면
얼마나 좋을까 한숨을 쉬던 어머니
보리 섞인 쌀 몇 알을 불리지 못한
서러움에 헛배가 부르다
어머니
저 문 열고 마음껏 쌀 담아 가세요

| 열두 가락 |

아내를 찾습니다

박 시인은 검은 가방을 들고 다녔다. 가방 속에는 자신이 쓴 시가 한 아름 들어 있었다. 그는 술이 얼근하게 취하면 아무 술집에서나 글을 써서 남겼다.

어느 눈 오는 날, 박 시인은 먼 곳에서 군고구마를 사 들고 친구들과 함께 우동집으로 달려왔다. 하지만 그가 품고 온 따끈한 군고구마의 정을 잘 알면서도 우리 일이 너무 분주해 그들을 따뜻하게 맞을 수 없었다.

배달하고 돌아오니 박 시인이 나를 도와주는 미범이와 싸우고 있었다. 내가 없으면 '대리 주모'라도 먹을 것을 내와야 하지 않느냐는 말을 해서 미범이가 화가 난 것이었다. 박 시인은 농담한 것이었지만, 미범이는 수습할 수 없을 정도로 자존심이 상하고 말았다.

대리 주모라는 표현은 어처구니없는 말이었다. 하지만 평소의 박 시인을 잘 아는 나는 그것을 유머로 받아들였다. 나는 따뜻한 군고구마를 품고 먼 눈길을 달려왔다가 신나게 싸우고 돌아서는 그의 뒷모습에서 개구쟁이 같은 느낌을 받기도 했다.

눈길을 걸어 쓸쓸하게 돌아가는 때도 있었지만, 박 시인은 언제 그랬느냐는 듯이 푸짐한 웃음을 머금고 나타나곤 했다. 그는 말할 때마다 게걸스러운 표정으로 사람들에게 웃음을 주었으며, 자신을 희생시키면서 남에게 좋은 일을 하는 사람이었다.

한 번은 박 시인이 술주정뱅이랑 실랑이를 벌인 일이 있었다. 그 술주정뱅이는 아무 때나 문을 밀치고 들어오는 불청객이었다.

"여러분. 나는 아내를 찾습니다. 우리 마누라를 본 사람이 있으면 연락을 해주세요. 저는 마누라가 환생해서 어디에선가 살고 있을 것 같아서 이렇게 돌아다닙니다."

그 남자는 굵직한 목소리로 진지하게 그런 말을 했다. 그러면 가게의 사람들은 혀를 끌끌 차며 그에게 술을 권했다. 남자는 정중하게 술을 받아 마신 뒤 인생이 어떻다느니 철학이 어떻다느니 시가 어떻다느니 하고 이야기를 했다.

처음 보는 사람들은 그의 말에 현혹되어 정중하게 술을 권했지만, 나중에는 말도 안 되는 소리라는 것을 알고 짜증을 내곤 했다.

나는 그 사람이 오면 걱정이 됐다. 무슨 일을 저지를지 모르기 때문이었다.

"아줌마, 나는 아줌마를 알아요. 내 죽은 아내를 알잖아요? 아줌마는 알죠? 우리 집사람이 죽어가는 것을 다 봤지 않아요?"

사실이었다. 남자는 내가 잘 아는 친구의 남편이었으며,

나는 그 친구가 죽어가는 것을 지켜보았었다. 나는 친구를 위해 두 달 정도를 매일 그녀의 집으로 갔다. 거기서 암이란 질병이 한 여자를 망가뜨리는 것을 지켜보았다. 친구는 나를 붙잡고 매달렸다.

"순희야, 나 이제 서른세 살 예수님 나이야. 나 암 수술한 게 재발했어. 나를 위해 기도해 줘."

사람들은 남편이 속을 썩여서 암이 됐다고 말했다. 친구가 남편의 술주정으로 시달린 건 사실이었다. 변호사 사무실에서 속기사로 근무하던 그녀는 결혼과 함께 고생하지 않게 되었다. 아이 둘을 낳은 뒤부터는 해가 지면 두렵다고 말했다. 술에 취해서 늘어놓는 주정이 친구를 힘들게 했다.

하지만 친구의 암이 남편 때문이라는 말을 들을 때마다 친구의 남편이 불쌍하게 느껴지기도 했다. 암이라는 것도 사람이 걸리는 병일 뿐이니 말이다.

친구의 남편은 친구 이야기를 핑계로 우리 가게를 찾았다. 한두 번이 아니었다. 나는 그가 제발 나타나지 말았으면 했다. 그는 장미 한 송이를 들고 와서 나에게 내밀기도 했다. 나는 기겁을 하며 그것을 탁자 속에 숨겼다.

그때 그 모습을 본 박 시인이 남자에게 흥미를 느끼고 접근했다.

"형, 우리 밖에 나가서 소주 한잔합시다."

그리면서 박 시인은 그 사람을 데리고 밖으로 나갔다. 분명 박 시인의 가슴속에 어떤 흥분과 호기심이 발동했을 것이다. 미안한 말이지만 그 남자를 통해서 글감을 얻고자 하는 욕심도 있었을 것이다.

박 시인은 그 남자를 데리고 단란주점에 가서 양주를 마셨다. 그는 대화하면서 남자의 속내를 들어보려 했다고 한다. 하지만 제대로 소통이 되지 않았다. 그래서 다시 우리 집으로 오는데 그 남자가 갑자기 바지를 벗고 박 시인에게 오줌을 갈겼다고 했다.

나는 엉망이 되어 돌아온 박 시인의 말에 까르르 웃었다. 한참을 웃다가 죽은 친구에게 미안한 생각이 들었다. 서른세 살에 암으로 죽은 친구의 무덤에 한번 가보고 싶었다. 장례식에서 친구가 좋은 곳으로 갔다는 생각이 들었다. 천주교 묘지에 산새들이 어찌나 맑게 울던지…….

지금 아내를 찾았습니다, 하면서 밤거리를 헤매는 친구의 남편이 왜 이렇게 마음을 아리게 할까. 친구의 아들들에게 우동이나 정성껏 끓여 주어야겠다.

박 시인에게 그 친구 이야기를 했다. 눈시울을 붉히며 고개를 끄덕이던 박 시인은 오줌 벼락으로 젖은 옷을 입고 눈이 쌓인 거리로 나서면서 이런 글을 남겼다.

눈이 내리는데

그래
창밖에 시방 첫눈이 내리고 있구나
세찬 찬바람을 타고서

아직 다 떨구지 못한 낙엽은 이제 내일이면
다 지고 말까?
어느덧 숨 가쁘게 달려왔던
한 해를 뒤돌아보며
아니 너저분한 삶의 우수 사리를 차곡차곡
이 계절은 더 추워질 수밖에 없는데
이루지 못한 허망한 꿈이면 어쩌고
또 숯처럼 그슬린 가슴이면 어떠랴
눈은 내리는데 우리 간절한 미래를 위해
뜨거운 우동국물에 막걸리나 한잔 마시자구나

박 시인은 이 시리게 웃으며 흰 눈길을 걸어 터덜터덜 집으로 돌아갔다. 그의 뒷모습을 보며 봄날의 꿈을 꾸고 있을 공원의 느티나무를 생각했다. 분명 봄이 되면 파란 싹을 틔우리라. 그 싹은 보드랍고 새뜻하게 우리의 추운 가슴을 녹여 줄 것이다.

| 열세 가락 |

오토바이와 함께 사라지다

　우동집을 시작했을 때 우리 집 왼편에는 오토바이 가게가 있었다. 가게 주인은 마흔다섯 살 먹은 노총각으로, 검고 표정 없는 얼굴에 늘 입을 다물고 있는 사람이었다. 그는 가끔 새 오토바이를 팔기도 했지만 주로 헌 오토바이를 수리했다.
　그는 오토바이와 자동차로 우리 집을 절반이나 가려놓아서 밖에서 보면 가게가 고물 상회처럼 보일 정도였다. 나는 공원의 느티나무를 볼 수 없어 갑갑했다. 그래서 나는 그 총각에게 말하지 않을 수 없었다.
　"아저씨. 우리 가게 앞에 있는 오토바이와 자동차 좀 치워주세요."
　그런데 당연한 그 말 한마디가 그의 기분을 매우 상하게 한 모양이었다. 원래 한 집이었던 것을 둘로 나누어놓은 얇은 합판 벽을 그가 각목으로 두들겨대는 것이었다. 눈이 펑펑 내린 날 밤늦은 시각의 일이었다.
　사람들이 몰려와 우동을 먹고 있는데 벽이 흔들리면서 벽에 붙은 글들이 눈처럼 떨어져 내렸다. 사람들은 우수수 떨어지는 글들을 보면서 겁에 질렸다. 그리고서 조금 있으려니까 삐거덕거리는 문을 밀고 각목을 든 그 남자가 나타나 소리를 질렀다.

"모두 다 나가요. 안 나가면 박살을 내버릴 거야."

남자의 눈은 충혈되어 있었다. 나와 미범은 그를 붙잡고 애원하며 말렸다. 나는 그가 왜 그러는 것인지 알 수도 없었다. 그저 술에 취해서 주정을 부리는 줄로만 알았다. 그는 가게 사람들을 모두 몰아내고 나서도 우리에게 각목을 휘둘렀다. 사람들이 경찰을 부르라는 말을 했지만, 우리는 이웃 사람인데 경찰을 부를 수는 없다고 생각했다.

남자는 각목을 든 채 우리에게 말했다.

"내가 헌 오토바이들로 가게 전체를 가려놓은 것도 아니야. 나도 양심이 있어서 한쪽은 남겨놓았어. 그런데도 그것을 빼 달라고 했어. 오토바이를 햇볕이 잘 드는 곳이라서 세웠어. 그늘진 곳에 세워두면 얼어서 시동이 잘 걸리지 않기 때문이야. 그래서 화가 났다고."

입가에 허연 거품이 부글거렸다.

"정말 잘못했어요. 나는 그런 줄 몰랐어요. 다시는 그런 소리를 하지 않을 테니 제발 그 각목이나 거두세요. 무서워요."

나는 목이 멘 소리로 말했다.

"나는 성질이 나쁜 놈이야. 이에는 이, 칼에는 칼이야. 나를 우습게 보면 죽을 줄 알아."

남자는 이를 갈며 각목을 휘둘렀다. 미범과 나는 모기만 한 소리로 잘못했다는 말을 계속했다.

"시인들이 다니는 집이라고? 나는 무식한 놈이야. 시인이 밥 먹여주나? 시인 좋아하시네. 앞으로 내 앞에서 시인들이 무게를 잡으면 죽을 줄 알아."

그러면서 남자는 했던 말을 계속 반복했다. 미범과 나는 각목을 든 한 남자 앞에서 떨고 있는, 앞치마 두른 두 명의 볼모였다. 설거지하느라 물에 젖은 발이 시렸다. 나는 내가 그에게 정당한 요구를 했다고 주장할 수 없었다. 우리는 남자의 화가 가라앉기만을 기다렸다.

그러던 중에 미범이 이런 말을 했다.

"아휴, 이웃집 총각. 우리가 참한 아가씨 중매해줄 테니 화를 푸세요."

그러자 남자는 슬그머니 각목을 땅에 내려놨다. 나는 웃음이 터져 나와서 미범의 등에 얼굴을 댄 채 웃었다. 눈 오는 밤, 우리가 이렇게 각목 앞에 서 있는 게 억울하고 어처구니없었지만, 중매해주겠다는 말에 각목을 땅바닥에 내려놓는 노총각을 보니 웃음이 나서 참을 수 없었다.

나는 한 번 웃음이 터지면 좀처럼 멈추지 못하는 체질이다. 나는 그렇게 미범의 등 뒤에서 실컷 웃을 수밖에 없었.

그러자 남자가 나를 노려보며 또다시 겁을 주었다. 자신은 지금 방범대원이므로 경찰관을 다 알고 있으니, 시인들이 잘못하면 가만두지 않겠다고 말했다. 그 말에 또 웃음이 나왔다. 가끔 방범대원 옷을 입고 뽐내며 지나가던 것을 몇 번 본 기억이 났다. 나는 그를 비웃은 게 아니었다. 그가 안쓰럽고 귀엽다는 생각이 들었다. 순진한 섬 소년 같다고 할까? 폭력으로 나를 굴복시키려 하는 그의 행동은 잘못된 것이지만,

헌 오토바이를 수리하면서 먹고살기가 무척 힘들겠다고 생각했다.

사실, 그는 늘 우중충한 가게의 헌 소파 위에서 잠을 자거나 텔레비전을 봤다. 가끔 경찰복을 입은 남자들이 오면 다방에서 커피를 시켜주었다. 그리고 늘 혼자 라면을 먹고 소주를 마시는 것 같았다. 전기세는 우리 집과 연결이 되어 있어 같이 내야 했지만, 세금 고지서를 보여주어도 돈을 내지 않았다. 처음에는 나를 무시해서 그러나 하는 생각에 자존심이 상했지만, 알고 보니 불황이라 수입이 거의 없었다.

남자에게 혼이 나고 집으로 돌아가는데 눈이 내렸다. 함박눈이었다. 느티나무 길을 막 돌아가려 하는데 이웃 단란주점에서 음악 하는 남자를 만났다. 서글서글한 눈에 콧날이 높은 그는 늘 우리를 낭자라 불렀다. 그는 우리가 조금 전에 오토바이 가게 남자에게 당하는 것을 봤다면서 왜 그렇게 바보처럼 당하기만 하느냐, 그 남자는 무섭게 소리를 내어 덤비면 약해진다는 따위의 말을 했다. 그리고 우리 둘이 너무 힘들겠다면서 자신의 가게에서 곡을 연주해 주겠다고 했다.

우리는 그를 따라서 가게로 들어갔다. 그는 정말로 우리를 위한 음악회를 열어주었다. 그는 듣고 싶은 노래를 신청하라고 하더니 내가 신청한 〈눈이 내리네!〉와 미범이 신청한 〈그때 그 사람〉을 불러주었다. 그는 혼을 다해 노래를 불러서 오도바이 가게 청년 때문에 일어붙었던 우리의 마음을 녹여 수었다. 나는 눈 내리는 밤에 우리 둘만을 위해서 연주해 주는 그를 보면서 이웃의 따스함과 소중함을 새삼 느끼며 눈물겹도록 고마웠다.

나는 오토바이 집 남자에게도 그런 따뜻한 마음을 전해주고 싶었다. 표정을 잃어버린 그가 손님을 기다리며 헌 소파에 누워 있는 모습이 안쓰러웠다. 나는 따뜻한 마음을 열어 얼어붙은 그의 마음을 녹여야겠다고 생각했다. 그래서 커피를 타다 내밀기도 하고 초콜릿도 사다 주었다. 하지만 반응이 없었다. 그래도 나는 그를 보기만 하면 웃었으며, 가끔 김치와 따뜻한 우동을 갖다주었다. 우중충한 가게에 갇혀 있는 그에게 부드러운 목소리로 사람 사는 이야기와 정을 나누어 주고 싶었다.

그러던 어느 날, 남자의 오토바이에 짐을 싣고 한 여자가 나타났다. 자질구레한 소지품과 옷가지들이었다. 가방에 넣은 것도 있고 쓰레기봉투에 담아 온 것도 있었다. 남자는 우리를 보며 수줍게 웃었다.

"사촌 동생이에요. 다방에서 나와서 며칠 묵어간대요."

여자는 남자를 보며 자잘하게 웃었다. 우리는 흐뭇한 마음으로 웃었다. 사촌 동생이든 좋아하는 여자든 상관없었다. 남자에게 부드러운 미소를 줄 수 있다면 좋다고 생각했다. 그는 시종 미소를 띤 채 짐을 내렸다. 여자의 웃음소리가 가게에 꽃처럼 피어났다.

그러나 얼마 뒤 여자는 사라져 버렸다. 사촌 여동생이 머물다 간 시간은 며칠에 불과했다. 그러자 남자는 다시 표정

없는 모습으로 돌아갔다. 나는 이후에도 가끔 아이스크림과 김치 등을 갖다주었지만 제대로 된 대화는 한 번도 나누지 못했다. 그리고 어느 날 오토바이 가게는 문을 닫고 말았다.

이 집은 원래 하나였던 공간을 오토바이 가게와 우동집으로 나눈 것이었다. 그래서 이전부터 사람들이 칸막이를 뜯어 버리라는 말을 하곤 했는데, 결국 그렇게 되었다. 임대한다는 글을 써서 가게 문 앞에 붙였지만, 주인이 나타나지 않았고, 그러다 보니 사람들이 벽을 허물고 가게를 넓히라는 말을 했다. 어떤 사람들은 작은 공간에서 우동을 끓이는 모습이 더 아름답다면서 반대하기도 했지만 나는 자연스러운 흐름에 맡겼다.

어느 날, 소설가와 시인과 화가, 이렇게 세 사람이 그 벽을 허물었다. 한여름, 뜨거운 우동 국물과 시원한 메밀국수를 먹는 손님들이 지켜보는 가운데 벽이 허물어졌다. 분위기가 바뀌면 어떡하나 걱정이 되긴 했지만, 벽이 허물어지는 순간 시원한 느낌이 들었다. 조금도 어색하지 않은 또 하나의 얼굴을, 이미 준비되어 있던 얼굴로 만난 것이었다. 처음에 하나였는데 둘로 갈라놓은 것이었으니 말이다.

도배할 필요가 없었다. 원래의 우동가게가 지저분하니 그쪽은 깔끔한 분위기를 만드는 게 어떻겠느냐는 말도 있었지만, 나는 고개를 저었다. 사람들이 붙여 달라면서 써놓은 글들이 있기 때문이었다. 가게의 사면 벽에 글이 꽉 차 있어서 한쪽 천장에 글을 붙이다가 의자에서 굴러떨어지기도 했으니, 이렇게 또 하나의 똑같은 얼굴로 가게가 넓혀진 것이 정말 좋았다.

벽이 무너질 때 그 모습을 본 손님이 글을 하나 써서 처음으로 그 공간에 붙였다.

잠자던 오토바이

팔리지 않은 오토바이들이 잠을 잔다.
날마다 손님을 기다리지만
오토바이를 데려갈 사람들은 오지 않는다.
한 많은 세월 속에 녹이 슬어
헌 오토바이가 되어버렸다.
세월을 낚던 주인은
헌 오토바이를 타고 어느 날 날아가 버렸다.

나는 오토바이를 타고 떠난 남자를 생각했다. 이곳에서 많은 시간을 지루하게 보내다가 가버린 그 남자가 안쓰러웠다. 창문의 유리에 장기 할부판매, 오토바이 판매, 형제오토바이 등의 문구가 적혀 있었다. 나는 그것들을 지우면서 오토바이란 글자 중에서 '오'자만 남겨 놓았다. 그 남자가 살았던 이곳을 기억하고 싶었다.

그가 있었던 자리에 우동 손님들의 글이 붙기 시작했다. 사람들은 처음엔 중간 벽에 거울을 붙인 것으로 착각했다. 삐거덕거리는 문을 밀며 들어온 사람들은 이런 말을 했다.

"어머, 거울을 붙였네요. 저곳이 이곳 아니에요?"

"거울인 줄 알았는데……."

"아줌마, 오늘 아침부터 헷갈리더니 종일 이상해요. 저곳에 왜 사람들이 들어 있나 했더니, 이제야 알았어요."

사람들은 자기 눈을 의심하며 거울 속으로 들어가 보기도 했다. 열 명 중 아홉 정도는 거울이라는 말을 했다. 가끔은 가게가 넓어진 것을 못마땅해하는 사람들도 있었다. 벽을 허물 때 도움을 주었던 화가도 딴소리했다.

"그때 그 기분이 아니야. 변했다고. 다시 막아버릴까?"

하지만 대부분 사람들이 좋아했다. 탁자가 몇 개 더 놓였을 뿐이었다. 그 작은 여유 공간만으로, 시인들이 오래오래 술을 마시며 돌아가지 않아도 되니 또한 좋았다.

아무도 오토바이를 수리하던 남자 얘기를 하지 않았다. 그 남자가 이 자리에서 보냈던 많은 시간을 나는 안다. 느티나무도 알 것이다. 남자가 나처럼 느티나무와 이야기를 나누지는 않았겠지만, 느티나무는 그 남자의 고독을 기억할 것이었다.

| 열네 가락 |

세상에서 가장 조그만 출판 기념회

갓 나온 따끈따끈한 책 한 권을 가슴에 품고 정 시인이 왔다. 그는 책을 맨 처음 나에게 준다고 말했다. 나른한 오후, 졸린 눈으로 바라본 『옛 골목에 들어서다』라는 시집이 눈물겹도록 고마웠다. 이 시집을 내면서 얼마나 힘이 들었을까.

나와 동갑내기인 정 시인은 우리 우동집에서 쓴 「겨울비는 내리고」를 읊었다.

> 우동집 강 씨의 이마가
> 겨울비에 퍼렇게 씻길 때
> 고단한 삶처럼 퉁퉁 불은 미역을 씹으며
> 잔을 비운다.
>
> 노랗게 그슬려 자빠진 꽁치의 눈알 앞에
> 불현듯 자리 잡으신
> 팔순을 넘긴 어머니의 푹 꺼진 동공이
> 좌측 벽만 검푸르게 응시할 뿐
> 대답 없으신 어머니, 살펴 가세요
> 어머니 등 뒤에서 또 잔을 비운다.

새로 부어 넘치는 술잔은 비 내리는 벌판
고구려 병사인 양 씩씩하게 달려오는
무거운 회억(回憶)들
부러진 내 창은 비에 젖고
점점 더 말라비틀어지는 걸음걸이
깨물린 뒤축 사이로 빗물은 스민다.

비 내리는 초겨울
도심의 골목에서 들려오는 악쓰는 소리가
딱딱한 흙바닥을 할퀴며 지나가고
흉흉한 소문의 바람 소리는
나뭇잎을 물고 후미진 골목으로 사라진다.

시인의 고뇌와 사상을 나는 조금 알 것 같다. 겨울 얼음판처럼 차가우면서도 투명한 그 성품의 실천을 위한 몸부림을 나는 본다.

동갑인 우리는 순수한 친구다. 남자와 여자의 벽이 없는 시원한 친구다. 그를 볼 때마다 어린 왕자가 생각난다. 외로우면서도 따뜻한 왕자의 마음을 생각한다. 그는 질기면서도 연한 들풀이다. 정 시인은 옳지 않은 일에는 목에 핏줄을 세우며 아니라고 외친다.

그의 동료 시인 중에 직장이 없어서 생활고에 시달리는 친구가 있다. 그는 그 친구를 충주의 전상병이라고 하며 주머니를 털어 차비를 주고 담배를 사주고는 한다.

오로지 시를 위해 태어났고 시를 위해 살다가 시를 위해 죽을 정 시인은 늘 나에게 이런 말을 했다.

"순희야, 이렇게 우동만 끓이다 말 거야? 우리 한 번 문학을 치열하게 해보자. 너는 소설을 한 번 써 봐. 나는 시를 치열하게 쓸 테니."

"나는 이제 잊었어. 글을 쓸 사람은 이 세상에 아주 많아. 나는 글을 읽는 사람, 글 쓰는 사람들을 바라보는 사람이 될 거야. 내가 감히 어떻게 글을 쓸 수 있겠어? 나까지 글을 쓴다면 그건 남용이 될 거 같아. 어렸을 때는 좋은 책을 꼭 한 권 쓰고 싶었지만, 이제는 아니야."

정 시인은 술이 약했다. 막걸리 몇 잔에도 몸이 흔들리는 것 같았다.

"아니야. 글을 써야 해. 의미 없는 세상에 의미를 던져야 해. 그렇게 불에 손을 데며 우동만 끓이다가는 나중에 허무를 느끼게 될 거야. 반드시 그래."

정 시인은 내가 글을 쓸 수 있는 여유를 조금이라도 만들어주려고 우동 배달을 몇 번이나 해주었다. 술을 마시지 않으면 정말 점잖은 고등학교 국어 교사이지만, 술을 한 잔 먹으면 편안한 친구가 되었다. 나는 자꾸만 글을 쓰라고 부추기는 정 시인이 고마웠다. 그는 좋은 글을 쓰라며 몇 권의 책을 골라주기도 했다. 일 년에 몇 번 오지 않았지만, 그는 늘 하는 말이 요즈음 글을 쓰느냐는 것이었다.

고개를 흔들기가 무안했다. 정말 나도 한 번 글에 목숨을 걸어볼까 하는 생각이 들었지만, 달리 생각해 보면 내가 사는 것이 곧 글이었다. 나는 내 하루하루를 몸으로 쓰는 소설이요 시라고 생각했다.

어느 날 어떤 사업가가 우리 집에 왔다. 그는 자신이 짓고 있는 교육관에 동시 비를 세 개 정도 세워야 하는데, 요즈음 동시가 마음에 와닿는 것이 없어 서점에 물어봤더니 우리 우동집에 가보면 좋은 시를 만날지 모른다는 말을 듣고 왔다고 했다.

그는 돌냄비 우동에 정종 한 잔을 먹고 이곳저곳을 쳐다보다가 책꽂이에서 정 시인의 『별이 된 삘리리』라는 동시집을 꺼내 읽어보았다. 그러고는 거기서 「별이 된 삘리리」, 「봄 캐는 누나」, 「개나리가 아프대요」를 고른 뒤 정 시인에게 허락받아달라고 내게 부탁했다.

평소에 전화를 한 번도 걸어보지 않았던 정 시인에게 처음으로 전화하여 이런 사실을 알렸다. 하지만 평소 꼿꼿한 성품의 그는 허락하지 않았다. 그래서 나는 내가 책임지겠다면서 그 시를 그 사업가에게 주어버렸다. 그리고 후일 그 사업가가 돌비에 시를 새겨 교육관 앞에 세웠으며 그 사진을 찍어서 가져왔다. 닭띠 친구는 나를 혼내지 않고 넘어갔지만, 우리는 그 시비를 직접 보지는 못했다. 아직 가보지 않았기 때문이다.

정 시인과 우리는 따끈따끈한 시집을 놓고 조촐한 출판 기념회를 했다. 대낮에 막걸리 한 주전자를 놓고 세상에서 가장 조그만 출판 기념회를 했다. 만약 내가 쓰는 이 글이 책으로 묶여 나오게 된다면 꼭 처음으로 정 시인의 손에 쥐여주고 싶다. 그런 시간이 오게 될까? 혹시 그의 이야기를 썼다고 그에게 혼이 나게 되는 건 아닐까? 정 시인은 막걸리 잔을 앞에 놓고 이런 말을 했다.

"순희야, 네가 먼저 죽으면 내가 노란 장미꽃 한 다발 네 무덤에 얹어주고, 내가 먼저 죽으면 네가 내 무덤에 노란 장미꽃 한 다발 갖다주기로 하자. 그런데 나는 정말 얼마 못 살 것 같다."

어쩌면 정 시인은 술이 깬 후 이 말을 잊어버렸을지 모르겠다. 하지만 나는 이 말을 기억하고 있다. 내가 죽으면 노란 장미꽃 한 다발 내 무덤 위에 갖다줄 문우가 있다는 사실을, 나는 가슴에 간직하고 있다.

| 열다섯 가락 |

꽃고무신과 개나리

점심시간에 우리 집을 찾아온 젊은 선생님이 우동 한 그릇을 시켜 놓고 눈시울을 붉히며 이런 글을 썼다.

네가 있어 좋은 시절

사랑하는 제자야! 넌 어디로 갔니
정말로 어디로 갔니
네가 좋은 곳이 있다면 가거라
네 환한 얼굴을 내 마음에 새긴다
저 하늘나라 어디론가 새처럼 날아가거라
네가 있어 좋은 시절 간직하며 살리라
그 시절, 네가 살아 있었던 자리에서 너를 그린다
안녕! 또 안녕

나는 정종 한 잔을 따끈하게 데워 선생님에게 내밀며 그 학생을 애도했다. 선생님이 쓴 글의 주인공은 우리 집에 우동을 먹으러 왔던, 내가 아는 학생이었나.
선생님이 얼마나 가슴이 아플까. 세상에 이렇게 좋은 선생님을 두고 어떻게 떠났을까······. 그런 생각을 했다. 하지만 죽음이란 예고가 없다. 풋감도 떨어지고 익은 감도 떨어진다.

중학교 2학년인 여학생의 이름은 승희였다. 그 아이는 눈이 많이 나빠서 도수 높은 안경을 쓰고 다녔는데, 책을 좋아해서 우리 집에 오면 늘 책을 펼쳐보았다. 그리고 사람들이 써놓은 쪽지 글을 읽었다. 밀가루 음식을 좋아하는 그 아이가 오면 우동 가락을 듬뿍 주었다.

그러던 어느 날 그녀가 코팅한 자신의 글을 가져왔다. 요즘 아이들의 글 같지 않았다. 나는 그 글을 보고 그 아이의 입술에 핏기가 없던 이유를 알게 되었다.

어머니의 꽃, 고무신

아버지가 없는 집에 봄이 왔다. 개나리가 노란 입술을 내밀었다. 어머니는 아직 돌아오지 않았다. 어머니는 늘 늦게 들어온다. 오늘도 술을 먹고 들어올지 모른다.

개나리 꽃망울을 보며 라면을 끓였다. 라면 위에 달걀을 풀었다. 라면 위에 노란 개나리가 둥둥 떠 있다. 하지만 개나리를 낳은 닭은 우리 집에 없다. 아버지도 우리 집에 없다.

교통사고로 아버지가 떠난 후 어머니는 돈 벌러 다닌다. 나와 내 동생이 살기 위해서는 어머니가 밖에 나가 일을 해야 한다.

우리 엄마는 배가 불룩하게 나왔다. 짧은 치마를 입으면 다리가 보기 싫다. 어머니가 하는 가게는 소주방이다. 어머니는 소주를 팔기 위해 짧은 치마를 입었다. 동생은 이런 엄마를 싫어한다. 나는 엄마가 우리를 먹여 살려야 하니까 엄마를 이해해야 한다는 말을 해주었다.

엄마는 날이 갈수록 술을 많이 먹어서 우리가 학교에 갈 때도 일어나지 못했다. 우리는 늘 아침을 먹지 못하고 학교에 간다.

학교에 가면서 노란 개나리를 보면 늘 아버지가 생각난다. 아버지가 살아 있었더라면 우리 어머니가 어울리지 않는 짧은 치마나 굽이 높은 구두를 신지 않아도 될 텐데……. 교통사고로 간 아버지가 원망스럽다.

어젯밤에 어머니가 늦게 들어왔다. 누군가와 핸드폰으로 전화하면서 울었다.

"나쁜 자식, 내가 혼자 산다고 무시해? 내 돈을 떼어먹고 나를 버리는 거야?" 어머니는 누군가에게 흥분된 목소리로 말했다.

그렇게 전화 통화를 한 뒤 한동안 울더니 신발장에서 꽃고무신을 꺼냈다. 그러고는 그것을 신고 개나리가 피어 있는 우리 집 뜰을 가로질러 밖으로 나갔다.

어머니는 꽃고무신을 신고 개나리가 피어 있는 집으로 시집을 왔다는 말을 종종 했다.

어머니가 또 술을 먹으러 밖에 나가는 것이 아닐까? 아니면 전화 통화를 한 남자를 만나러 가는 것이 아닐까? 어머니가 꽃고무신을 신고 나가 우리를 버리고 영영 돌아오지 않으면 어떻게 하지? 나는 창문을 열고 어머니가 걸어가는 뒷모습을 보았다. 어둠 속에 잠겨 드는 어머니를 붙잡고 싶었다. 어머니가 행복해질 수 있다면 우리를 버려도 좋다는 생각을 하기도 했지만, 뾰족구두가 아닌 꽃고무신을 신고 가는 어머니를 붙잡고 싶었다.

까만 어둠 속으로 잠겨 든 어머니는 더 이상 보이지 않았다. 하늘에는 총총히 별이 빛났다. 아무것도 모르는 동생은 잠을 잤다. 나도 어머니의 전화 소리를 듣지 않았더라면 얼마나 좋을까? 모른다는 것이 참 편하다는 것을 알았다. 내가 자란다는 것은 세상에 대해 하나하나 알아간다는 것이다. 많이 안다는 것이 두렵다.

하늘에 떠 있는 별도 하나하나 줄기 시작했다. 저 하늘 어느 곳에 우리 아버지의 별도 떠 있겠지……. 그렇게 믿고 싶었다. 우리 아버지의 별이 어머니를 보호해 주리라고.

한참 뒤에 어머니가 돌아왔다. 어머니는 꽃고무신을 손에 들고 맨발로 와서 술에 취한 목소리로 말했다.

"나쁜 자식, 내가 가만히 있을 줄 알고? 나를 버리면 천벌을 받을 줄 알아. 그놈에게 나는 복수할 거야. 그 돈이 무슨 돈인 줄 알아? 내 남편의 몸값이야. 교통사고로 죽은 아이들 아버지 목숨이라고."

어머니의 손은 붉은색 래커로 범벅이 되어 있었다. 어머니는 시녀를 찾아 손을 닦았다. 어머니 손에 왜 진달래꽃 물이 들었을까? 10분 뒤에 의문이 풀렸다. 우당탕거리는 소리가 들리더니 문을 밀치고 들어온 남자가 소리를 질렀다.

"이년, 가만두지 않겠어. 네가 우리 집에까지 와서 해코지해?"

유명 브랜드의 운동복을 입은 남자는 입가에 거품이 나 있었다. 그는 어머니를 보자마자 발로 찼다. 그리고 어머니의 목을 잡고 큰손으로 얼굴을 때렸다.

나와 동생은 거대한 남자 앞에서 부들부들 떨었다. 어머니가 손에 붉은 물을 들여온 이유를 알게 되었다. 어머니가 그 남자의 차와 집 대문에 붉은 래커를 뿌린 것이었다. 어머니의 보복은 고작 그런 색칠이었지만 남자의 분노는 너무나 컸다.

"왜 우리 엄마를 때리는 거야. 죽여 버릴 거야. 내가 크면 가만두지 않겠어."

동생의 말에 남자는 슬그머니 문을 밀고 나가버렸.

어머니는 아무래도 잘못된 그림을 그렸나 보다. 그 그림을 그릴 수밖에 없는 어머니를 어렴풋이 이해하지만, 남자에게 맞은 어머니가 밉기도 하다.

날이 밝아 화장기 없는 내 어머니 얼굴이 보인다. 어린 시절 어머니 모습이다. 이제야 어머니 모습으로 돌아온 것 같다. 어머니는 멍든 얼굴로 우리를 부여안으며 말했다.

"다시는 이런 실수를 하지 않을 거다. 너희 아빠에게 미안하구나."

> 어머니는 부은 눈으로 동생을 안고 울었다. 나는 또 그런 어머니가 미워서 가방을 메고 학교에 간다며 나와버렸다.
> 어머니 손톱에 남아 있는 붉은 래커는 언제쯤 지워질까? 오늘 아침 개나리가 더 예쁜 까닭은, 어머니의 꽃, 고무신 때문인지도 모르겠다.

승희의 글을 다시 읽으면서 선생님과 함께, 백혈병으로 이 세상을 떠나간 어린 영혼을 위해 기도했다.

부엌에서 미범이가 밀가루 반죽을 하며 숨죽여 울고 있었다. 아무리 가슴 아픈 사연이 있어도 우리는 소리 내어 마음껏 울 수도 없었다. 슬퍼하되 일을 해야 하니까.

| 열여섯 가락 |

문 닫는 사람들

여름을 몰아내면서 가을이 오고 있다. 계절을 앞당기는 사람들은 역시 우리 집에 드나드는 시인들이다. 그들의 섬세한 마음이 가을을 불러오고 있다. 그들은 모두 가을을 좋아한다. 나는 느티나무와 대화를 나누며 계절의 변화를 느낀다.

예전에 나는 자연의 변화를 단순하게 생각했다. 봄이 되면 싹이 나고, 여름이 되면 녹음이 우거지고, 가을이 되면 낙엽이 진다는 식으로…. 하지만 아니었다. 세상의 일들은 그렇게 급작스럽게 이루어지는 게 하나도 없었다.

느티나무는 하루하루 표정이 다르다. 가을에 들어선 나뭇잎은 어제와 다르다. 낙엽이 질 때까지 나뭇잎은 그렇게 하루하루 자신을 끌고 갈 것이다. 내 인생이 그렇다고 생각한다. 내 인생이 마감되는 먼 훗날도, 지금 흘러가는 하루하루가 쌓인 결과일 것이다.

남자 둘과 여자 둘이 야외 포장마차 식탁에 앉았다. 그들은 검게 그을려 있었다. 우동 양을 많이 주고 싶은 마음이 들어 곱빼기로 주었다. 그들은 나를 보고 장사가 안된다는 말을 했다. 밤중에 가게를 끝내고 우리 집에 들르는 사람들은 늘 장사가 안된다는 말을 했다. 우리 집에 손님이 많을 때면 나는 그분들에게 미안한 마음이 들었다.

우동집을 시작했을 때 장사 경험이 많은 사람들이 서투른 나를 보고 까다롭게 굴기도 했지만, 나중에 정이 들고서는 자신들의 아픈 이야기를 했다. 그들은 잘 된다는 말은 거의 하지 않았다. 한 달에 얼마씩 손해 본다고 이야기했다. 그만두고 싶지만, 그동안의 투자 때문에 그럴 수 없다고 했다. 그런 이야기는 나의 마음을 아프게 한다.

치킨집을 하는 인상 좋은 남자와 신발가게를 하는 여자가 소주를 마시며 이런 글을 썼다.

> 달구 새끼 날아갔나
> 하늘로 솟았나
> 왜 이리 우리 치킨은 안 팔리나
>
> 신발은 싸다
> 어찌 이리 안 나갈까

달구 새끼가 날아갔다는 표현이 가슴을 저리게 했다. 그 집 치킨을 우리 아이들에게 시켜주려고 전화번호까지 적어놓고 아직 한 번도 전화를 못 했다. 싼 신발도 사 신고 싶었다.

그 옆에 또 한 부부가 앉아 있었다. 자신들은 염소탕집을 시내에서 한다고 했다. 지난여름에 한몫을 봐야 했는데, 한 번

온 손님은 다시 오지 않았다고 했다. 가게가 비좁고 더운데다가 손님이 뜸하다 보니 고기의 신선도가 떨어졌다는 것이었다. 인건비도 못 건지고 손해를 보고 있는 중이라고 했다.

그 부부에게 밥집을 해보라 했더니, 돈을 많이 번 어떤 부자가 시장 근처에서 오천 원짜리 밥집을 하고 있어서 할 수가 없다고 했다. 부부는 심각했다. 가게가 나가지 않아서 그만둘 수도 없고 싼 밥집이 있어서 다른 업종으로 바꿀 수도 없었다. 하루의 스트레스를 우동 국물에 소주잔을 기울이며 풀어놓았다.

큰 레스토랑을 하는 사람도 근사한 횟집을 하는 사람도 온통 안 된다고 아우성친다. 주변에 소상공인들이 살아남기가 힘든 시대가 되었다.

멀쩡했던 이웃들이 무너졌으며, 부부가 함께한 어느 해물탕집에서는 여자가 집을 나갔다.

이웃들은 여자가 바람이 나서 집을 나갔다고 말했다. 바람이 나기까지 그 부인은 얼마나 힘들게 일했을까. 손님을 받기 위해 기다리는 마음을 그 누가 알아줄까. 이런 일을 부부가 함께하면 나름의 어려움이 많다. 그 여자는 어쩌면 하루 종일 가게 안에서 남편과 함께 보내기가 답답해서 잠시 외출했을 것이다.

한 번은 손님을 기다리다 지쳐서 문을 닫아걸고 멀리 떠나기 위하여 길을 나선 여자가 우리 집을 찾았다. 그 여자는 손톱에 진한 매니큐어를 바르고 있었으며, 귀걸이도 세 개나

달고 있었다. 그 여자는 내가 묻지 않았는데도 자신의 이야기를 늘어놓았다.

"아줌마. 처음에 아줌마가 이 가게에 왔을 때는 얼마 못할 줄 알았어요. 이런 야식집을 할 사람이 아닌 것 같았어요. 어딘지 모르게 고상하면서도 야해 보여서 바람이 날 것도 같았고, 힘들어서 하지 못할 것 같았어요. 그런데 정말 돈 안 들이고 이런 가게 하기를 잘했어요."

우동집을 시작할 때만 해도 여자는 고급 레스토랑의 여사장이었다. 그녀는 늘 멋진 옷을 입고 예쁜 구두를 신고 있어서 초라한 우리 가게에는 어울리지 않는 손님이었다. 그리고 가끔 까탈을 부리기도 해서 미범이와 나는 부엌에서 흉을 보기도 했다. 그런 여자가 지금은 큰 가방을 옆에 놓고 술을 홀짝이며 마음을 열어 나에게 얘기를 하고 있었다.

어려서부터 고생하며 자란 그녀는 스무 살에 결혼해서 아이를 하나 낳았다. 나처럼 아주 작은 칼국숫집을 십오 년 해서 돈을 벌었다. 그때는 먹지도 입지도 않고 돈을 벌었다. 돈을 모아 더 큰 장사를 해보고 싶었다. 소녀 시절 고급 레스토랑을 운영하는 것이 꿈이었다. 여자는 저금한 돈을 모아 고급 레스토랑을 열었다. 환경이 달라지니 세상이 달라 보였다. 원피스를 입고 카운터에 앉아 손님을 맞이하는 꿈이 이루어진 것이다. 그 꿈을 사십이 가까워 이루었다. 그러면 될 줄 알았다. 고급 레스토랑 주인이 되면 모든 꿈을 이룬 줄 알았다. 그런데 화려한 원피스는 입었지만, 손님이 오지 않았다.

그녀는 담담하게 소주를 마시며 여기저기서 빌린 돈 때문에 남편과 딸이랑 함께 살 수 없다고 말하며 눈시울을 붉혔다. 그녀는 가방 속에서 화장품을 꺼내어 화장을 고치면서 말했다.

"아줌마, 이곳을 떠나면서 아줌마를 꼭 한 번 보고 가고 싶었어요. 이곳에 오면 마음이 편해져요. 아줌마가 나를 별로 안 좋아한다는 걸 알지만 그래도 난 이 집을 종종 찾았죠."

"미안해요. 그런 느낌을 받았다면, 그건 아마 나보다 더 예쁜 여자라서 내가 심통을 부린 걸 거예요. 하지만 이렇게 떠난다니 마음이 아파요."

여자는 입술에 진보라색 립스틱을 바르고 있었다. 떠남이란 새로운 세계에 대한 도전일 수도 있다. 밤차를 타고 떠난 그녀의 뒷모습을 바라보며 싸늘하게 불어오는 가을바람을 만났다. 사람들이 바람났다고 한 해물탕집 여자도 저런 모습으로 떠났을지 모른다.

언젠가 이 삐거덕거리는 문을 밀치며 나도 떠날지 모른다. 나는 그 생각을 종종 한다.

「낙화」란 시에 '떠나야 할 때가 언제인지 분명히 알고 가는 이의 뒷모습은 얼마나 아름다운가'란 구절이 있다. 내가 이 문을 밀고 떠나는 날은, 나를 붙들고 있는 모든 인연이 끝나는 시간일 것이다. 그때 끈적거리는 미련 없이, 허허롭게 떠날 수 있었으면 좋겠다. 하지만 지금 그 시간을 미리 걱정할 필요는 없다. 나는 이렇게 우동만 끓이면 된다.

춥지는 않지만, 밤이 이슥해지니 찬 기운이 돌았다. 야외 포장마차에 앉아 장사가 안된다고 푸념을 하던 사람들이 돌아갔다. 이 시간이면 입술이 하얘지고 발에 힘이 쭈욱 빠진다. 참 힘든 시간이다. 하지만 입으로 불만을 표현하지는 않는다. 그러고 싶지 않다. 내가 몸과 마음을 다 바치고 있는 이 공간 안에서 불만의 씨앗이 커 가는 것을, 나는 용납할 수 없다. 삶의 순간마다 긍정하는 따뜻한 마음과 말이 평화와 행복을 부른다는 것을 알고 있기 때문이다.

내일은 시간을 꼭 내서 치킨 한 마리를 우리 아이들에게 시켜줄 것이고, 샌들 한 켤레를 꼭 사서 신으리라.

| 열일곱 가락 |

억척 엄니 길

웨이브가 굵은 파마를 한 긴 머리 아가씨가 왔다. 코스모스처럼 가냘픈 그녀가 말했다.

"아줌마, 우리 엄니랑 왔어요. 우리 엄니가 좋아할지 모르지만, 맛있는 우동 한 그릇을 사드리고 싶어서요."

눈이 작은 엄니는 나를 보며 잔잔한 미소를 지었다. 옛날 생각을 하며 국수를 대접하고 싶어서 부모와 함께 오는 사람들이 종종 있었다. 그들을 보면 늘 마음이 흐뭇해졌다.

"이 집 국수가 맛있다는 말을 딸이 많이 했어요."

엄니는 우동그릇을 앞에 놓고 나를 보며 말했다. 차를 한 잔 타서 엄니 앞에 마주 앉았다. 우리 가게에 처음 온 이 엄니는 우동을 먹기도 전에 속내 이야기를 늘어놓을 태세였.

딸이 말했다.

"엄마, 우동이 불어요. 먹고 이야기해요."

"아니야, 나 여기 오니까 그동안 막혔던 체증이 내려간다. 나도 말 좀 하고 살자. 엄마가 말을 못 해서 얼마나 가슴앓이를 하고 살았는지 아니?"

"아가씨, 괜찮이요. 우리 집에 오면 그동안 참고 살아온 말을 하고 싶어진대요. 나도 듣고 싶어요. 나도 참고 살아온 여자라 이 사람 저 사람 이야기 들으면 속이 후련해지곤 해요."

오십 대 중반의 엄니가 말했다.
"얘가 다섯 번째 딸이에요. 내가 딸 일곱을 낳아서 받았던 구박이 얼마나 심했는지 알아요?"
엄니는 공무원인 남편에게 시집을 와서 아들을 낳기 위해 딸을 일곱까지 낳아야 했던 사연을 이야기했다.
손바닥만 한 방 하나에 냄비 두 개를 가지고 살림을 시작한 엄니는 딸을 낳기 시작했다. 박봉인 말단 공무원 월급으로 아이들을 키우기가 여간 힘든 일이 아니었다. 엄니는 겨울에 불을 지피지 못하고 추위에 떨며 살았다. 꼭 아들을 낳아야 한다는 시대의 당부 때문에 자신의 인생이 희생됐다는 이야기를 몇 번이나 했다. 엄니는 다섯 번째 딸부터는 너무 미워서 아이를 낳자, 이불로 덮어버렸다. 숨이 막혀 죽어버리기를 바랐다. 그때 숨을 못 쉬어 울음보를 터뜨렸던 다섯 번째 딸이 커서 이렇게 우동을 사주러 데리고 왔다며 웃었다.
"그렇게 딸 일곱을 낳고 막둥이로 아들을 낳았지요."
"아, 아들을 낳았으니 얼마나 좋았어요? 그 아들이 지금 몇 살이에요?"
"고등학교 일 학년이에요. 그런데 그놈이 요즈음 사춘기여서 학교에서 돌아오면 자신의 방문을 꽝 닫고 들어가 버려요."
"엄니, 요즈음 걔가 그래서 속상해서 그렇지? 내가 다 알아. 나도 고1 때 그랬는데 그땐 서운해하지 않더니……."

"아니야, 요즈음 내 인생이 뭔가 하는 생각이 들어. 너희들은 이 마음을 몰라."

엄니는 눈에 눈물을 글썽이며 나를 바라봤다.

"내가 여태껏 너희들 교육에 나쁠까 봐 말하지 않았지만 내가 속을 얼마나 썩이고 살았는지 아니?"

엄니는 딸 일곱을 낳아 죄인처럼 살았다. 남편은 딸 일곱을 어떻게 키울지에 관해서 관심도 없었다. 직장에서 맘 좋은 사람으로 소문이 나 박봉을 받아서 술 먹고 남 밥 사주기 잘하는 사람이었다.

엄니는 딸 일곱을 위해 가사는 물론 하우스를 지어 농사했다. 손등이 터지고 손톱을 깎아볼 여유도 없었다. 날마다 가사와 농사에 빠진 엄니는 여자로서 가장 좋은 삼십 대, 사십 대가 무엇인지 모르고 살았다.

사람들은 남편의 월급으로 생활을 꾸리는 줄 알았다. 상추, 쑥갓, 시금치 등등 사계절 채소를 길러서 팔았다. 그 채소 중에 탐스럽고 싱싱한 것은 한 번도 먹어보지 못했다. 늘 시들어 팔 수 없는 채소만 먹고 살았다.

주변 사람들이 쑥덕거리기 시작했다. 남편이 다른 여자를 본다는 소리였다. 엄니는 깨어진 거울 조각을 들여다보며 울었다. 자신이 딸만 낳아 밖으로 돈다는 생각이 들었다. 남편은 월급을 가져오지 않았다. 엄니는 그 이유를 알았지만, 딸이 일곱이나 누워 있는 집에서 바가지를 긁을 수가 없었다.

엄니는 주린 배를 허리끈으로 묶고 밤을 새워 하우스에서

2부 느티나무 손님

밭을 맸다. 전깃불 아래에서 바라보는 상추가 싱그러웠다. 윤이 나는 상추를 보며 자신이 사람이 아닌 상추였으면 좋겠다고 생각했다. 누구의 입으로 들어가 버리고 말았으면 좋겠다고 생각했다. 그렇게 사라져 버리고 싶었지만 일곱이나 되는 딸을 두고 죽어버리면 남아 있는 그들이 어떻게 될까?

겁이 났다. 입이 타고 애간장이 녹았다. 집에 가끔 들어오는 남편은 엄니에게 눈길을 주지 않았다. 그녀는 깨어진 거울 속에 들어 있는 자기 얼굴을 들여다봤다. 늘어난 주름살, 까맣게 그을린 얼굴……. 자신이 보기에도 예쁘지 않은 얼굴이었다.

남편은 어느 날 만취하여 돌아와서 엄니를 붙들고 하소연했다.

"여보, 미안해. 요즘 내가 나를 모르겠어. 내가 이렇게 될 줄은 몰랐어. 당신이 다 알고 있듯이 내가 지금 곤경에 빠졌어."

그녀는 눈물을 흘리며 등을 돌려 누웠다.

"여보. 나, 잘못하면 직장을 잃을지도 몰라. 내가 관계한 여자가 자꾸만 돈을 요구해. 그 돈을 안 주면 직장에 찾아와서 목을 자르겠대."

딸이 일곱이나 된 엄니를 밀어내고 자신을 조강지처 자리에 앉혀주든지 아니면 하우스에서 장만한 이 작은 집을 내어주든지 둘 중 하나를 택하라는 것이었다. 그렇지 않으면 직장에 이 사실을 알리고 훼방 놓겠다는 것이다.

그 여자가 이웃에 사는 석이 엄마라는 것을 알았다. 남편을 잃고 혼자 산다는 이유로 불쌍하다는 생각에 가끔 반찬을 챙겨주었다. 하우스 일이 많을 때 석이 엄마가 와서 도와주었다. 그때만 해도 남편이 일요일이면 가끔 하우스 일을 도와주었다. 석이 엄마는 일요일이면 시간이 남아돈다면서 일을 도와주러 왔다.

그 여자가 잘록하게 허리가 들어간 자주색 원피스를 입고 와서 일을 하는 이유를 그때는 몰랐다. 일하다가 커피를 종이컵에 타서 남편 앞에서 마시며 까르르 웃어댔다. 석이 엄마는 늘 매니큐어를 손톱에 바르고 있었다. 석이 엄마가 날로 멋을 내는 이유를 엄니는 몰랐다.

"아저씨는 나의 이상형이야. 얼마나 점잖고 예의가 발라."

석이 엄마가 하는 말도 농담인 줄 알았다.

하루는 큰딸이 헐레벌떡 뛰어오며 말했다.

"엄니, 아빠가 우리 집 하우스에 심겨 있는 토마토 모종을 모두 캐어다 옆집 석이네 밭에 심었어요. 내가 봤어요. 엄니, 우리 것을 왜 석이 엄마에게 다 주어야 해? 우리 토마토잖아."

빨래하다가 흐트러진 머리카락을 뒤로 넘기며 그녀가 말했다.

"유미야, 조용히 해. 그런 말 하면 못쓴다. 사람들에게 절대 말하면 안 돼. 그것은 엄니가 그렇게 하라고 아빠에게 시킨 거야."

엄니는 그렇게 말하며 하우스에 갔다. 하우스에 심겨 있던 토마토 모종이 하나도 없었나. 이럴 수가 있을까. 엄니는 먼 하늘을 쳐다봤다. 뭉게구름이 흘렀다. 그 흰 구름이 일곱 명의 딸로 보였다.

'나도 아들을 낳아야지. 우리 유미 아빠가 고추 달린 남자애가 그리워서 석이를 예뻐한 거야. 그래서 그러는 거야.'

엄마는 목욕하고 옷을 갈아입었다. 모두 낡은 옷뿐이었다. 시집와서 옷을 산 적이 거의 없었다. 친정 언니가 입던 옷을 얻어다 입었다. 그런 자신이 초라해서 견딜 수가 없었다. 거울 속에 비친 자신에 대해 화가 났다. 깨어진 거울 조각을 뒤뜰에 던져버렸다.

'나는 아들을 낳아야 해.'

엄마는 남편이 돌아누워 잠자는 옆자리에 수줍게 누웠다. 창문 밖에 별이 보였다. 그 별은 사뿐히 떨어져 엄마의 가슴 안에 안겼다. 그렇게 또 임신하게 되었지만, 남편은 아내가 아이를 가졌다는 것도 몰랐다.

엄마는 남편을 쳐다보며 물었다.

"정말 석이 엄마를 사랑했어요?"

남편은 고개를 흔들었다.

"여보, 미안해. 열 여자 싫어하는 남자가 어디 있겠어. 내가 당신을 버리려고 그랬던 건 아니었어."

남편은 아내를 보고 민망해했다. 엄마는 석이 엄마랑 옆집에 사는 것이 싫었다.

"내가 해결할 테니 당신은 다시는 석이 엄마를 만나지 말아요."

엄마는 거친 손을 내밀어 남편에게 약속을 받아 냈다. 석이 엄마의 요구는 자신이 책임지기로 했다. 다시는 남편이 석이 엄마를 만나지 않는다는 약속 하나만 있으면 됐다. 그래서 집과 하우스의 땅을 잡히고 융자를 내어주자 석이 엄마는 시내로 들어가 장사를 하고 싶다면서 한 점 미련도 남기지 않고 떠났다.

  그녀가 이 빚을 갚는 데는 오 년이라는 세월이 걸렸다. 엄니는 남편에게 이 이야기를 한 번도 안 하고 아픔을 삭였다. 일곱이나 되는 딸에게 들킬까 봐 조심하면서 살았다. 한동안 남편은 자신을 보지 않고 돌아누워 잠을 잤다.
  엄니는 배 속의 아이에 대해서 겁이 났다. 혹시 또 딸을 낳으면 어떻게 하나. 가슴을 조이며 하늘의 별을 봤다. 하우스 옆에 쭈그리고 앉아 이슬을 맞으며 별을 우러르며 기도도 했다. 그러면서 양수검사를 해서 아들이 아니면 유산을 시키거나 약을 먹고 죽어버릴 거라는 생각을 했다. 임신 중이라는 것을 남편이 알면 또 딸을 낳을까 봐 자신에게서 도망을 갈 것만 같았다.
  엄니는 시내의 유명한 산부인과 문을 밀고 들어섰다. 부른 배를 안고 남편이랑 함께 앉아 있는 새댁들을 보니 눈물이 났다. 나도 저런 시절이 있었는데. 엄니는 긴 세월 일곱 딸을 낳아 그들 속에 묻혀 살아온 인생을 생각했다. 오로지 아들만을 생각한 세월이었다. 그리고 보니 아들을 낳기 위해 자꾸만 임신했던 자신이 사육당한 게 같다는 생각이 들었다. 남편의 죽복 속에 낳았던 날은 두 번째뿐이었다. 그 후로 남편은 야속하게도 산부인과에 나타나지도 않았다.

엄마는 의사를 보자마자 눈물을 흘렸다. 뜨거운 액체가 샘물처럼 흘러내렸다. 엄마의 맘을 알아차린 의사 선생님이 말했다.

"아주머니, 아들 낳고 싶으시지요? 아들을 낳으세요. 낳고 싶으면 낳으세요. 또 딸이면 또 낳으세요. 아들을 낳을 때까지 낳으세요. 여자는 아이를 계속 낳아야 여자로 사는 거예요."

엄마는 의사 선생에게 양수검사를 하러 왔다는 말을 꺼내지도 못했다.

"생기는 대로 낳으세요. 앞으로 태어날 아이가 딸이든 아들이든 하늘의 뜻입니다. 저는 절대 그런 성구별 검사는 하지 않습니다. 꿈틀거리는 생명을 죽일 겁니까?"

눈물을 닦으며 의사에게 인사를 하고 나올 때 엄마 마음은 포근해졌다. 의사가 단순히 자신을 위로하기 위해 그런 말을 한 게 아니라 그것이 진실이라는 생각이 들었다. 그녀는 돌아오는 길에 힘차게 발길질하며 노는 배 속의 아이를 따뜻하게 보듬어 안았다.

'그래, 나는 네가 딸이든 아들이든 낳을 거야. 절대로 죽이지 않을 거야. 네가 뱃속에서 이렇게 잘 노는데 엄마가 그런 몹쓸 짓을 하겠니? 부탁한다, 아가야. 아버지를 꼭 붙잡으렴. 집에 정을 붙이게 네가 꼭 붙잡아야 해.'

엄마의 발걸음은 가벼웠다. 점심에 보리밥 한 사발을 물에 말아 풋고추를 된장에 꾹꾹 찍어 먹었다. 하우스 아래로 내리는 햇볕이 따뜻했다.

온몸이 따뜻한 온기를 느꼈다. 그리고 마침내 아들을 낳았다.

엄니는 자신이 정말 아들을 낳은 것인지 몇 번이나 귀를 의심했다. 또 딸일까, 걱정되어 진통조차 느낄 수 없었다. 그런데 아들이었다. 엄니는 자신이 아들을 낳았다는 이유만으로 미소를 지었다. 오랜 세월 몸과 마음이 떠나 있던 남편이 돌아왔다. 막내아들을 낳은 엄니는 세상에 아무것도 부럽지 않았다.

그런 아들인데, 요즈음 고등학생이 된 그가 집에 돌아오면 방문을 쾅 닫고 틀어박혀 말이 없는 걸 보니 엄니의 가슴에 허전한 바람이 불었다. 언젠가는 품을 떠날 거로 생각했지만 그렇게 빨리 아들이 자신의 세계를 만들고 있으리라고는 상상을 못 했다.

그녀는 나를 붙잡고 더 많은 이야기를 하고 싶어 했다. 눈에는 진한 물기가 고여 있었다. 딸은 그런 엄니의 손을 붙잡고 잡아끌었다. 엄니는 못내 일어서지 못했다.

"아줌마, 왜 이렇게 허전해지지요? 그런 생각 한 번도 안 했는데, 요즘엔 내가 혼자라는 생각이 자꾸만 들어서 서러워져요."

"어차피 인생은 혼자이오. 우리가 갖고 있는 모든 인연이 우리 것이 아니잖아요. 우리 것처럼 느껴왔을 뿐이지요."

우리 집 구석에 수년 전 누군가가 붙여 놓은 이런 글이 있다.

> 겉이 타야 임이 알시
> 속만 타니 임이 알랴

2부 느티나무 손님

그녀는 나를 보며 머뭇거렸다. 삐거덕거리는 문을 열고 아쉬움을 남기며 떠나는 엄니를 나는 꼭 다시 만났으면 좋겠다고 생각했다. 공원 앞 느티나무가 있는 곳까지 따라가 엄니에게 손을 흔들어주었다. 느티나무잎을 스치는 바람이 더욱 허전하게 느껴졌다.

| 열여덟 가락 |

행주치마 움켜쥐고

 앞 골목 해장국집 아줌마는 언제 보아도 해맑은 미소를 지으며 일을 한다. 아줌마는 늘 웃는다. 자그마한 체구의 그녀는 보기만 해도 마음이 편해진다.

 그런데 그 아줌마의 얼굴에 그늘이 드리워져 있었다. 늘 웃던 그녀가 웃지 않았다. 웃지 않는 그녀가 슬퍼 보였다. 사람들의 말을 들으니 남편 때문이라고 했다. 그래, 속 안 썩고 사는 사람이 어디 있을까, 세월이 약이 되겠지, 하고 생각하면서 나는 미소를 던져주었다.

 그녀에게는 다섯 살 난 예쁜 딸아이가 있다. 보조개가 들어가고 살이 오동통하게 붙은 귀여운 아이다. 내가 출근하면 늘 나를 보며 반갑게 인사를 한다. 언제나 머리띠를 하고 있는데 그게 옷차림에 따라 모양과 색깔이 바뀌었다. 그걸 보면 엄마가 무척 신경을 써준다는 걸 알 수 있었다.

 하지만 그녀 자신은 사치스러운 구석이 하나도 없다. 열심히 일하느라 거칠어진 손에, 화장하지 않고 슬리퍼를 신은 채 언제나 앞치마를 두르고 있었다. 나는 그녀가 서울 한복판에서 누릴 수 있는 문화를 다 누린다면 어떤 모습으로 보일까, 하고 생각하곤 했다. 지금은 해장국집을 하지만 상류

2부 느티나무 손님　　133

사회 사람으로 살아도 잘 어울릴 것 같았다.

그것은 아마도 그녀만이 간직한 내적 평화가 있기 때문인 듯했다. 나는 그녀의 그 내면이 늘 부러웠다. 그녀와 가깝게 지내고 싶었지만 우리는 서로 바빴다. 우리는 말없이 마음으로만 교감할 뿐이었다.

그런 그녀가 어느 날 커피를 마시고 싶다며 찾아왔다. 그런데 내가 커피를 타고 있는 사이 아랫글을 보며 울먹이는 것이었다.

> 어떤 놈이 퍼드러지게 편하면
> 어떤 년은 행주치마 움켜쥐고
> 눈물 펑펑 쏟는다.

"아줌마, 이 글은 나보고 하는 말 같으니 떼어버려요."

나는 무슨 영문인지 몰랐지만, 그녀를 달래려고 일반적인 말을 했다.

"이 글은 나에게도, 아니 이 세상 사람들 모두에게도 해당하는 말이에요."

"아니에요. 이 글은 이 세상 누구에게도 해당하는 말이 아니고 나한테만 해당하는 말이에요."

"사람 사는 일은 다 상대적인 게 아닌가 싶어요. 서로가 물고 물려서 물레방아처럼 돌고 도는 게 세상이죠. 한 사람이 울면 다른 사람이 웃는 식으로."

커피를 타서 들고 삐거덕거리는 문을 나와 공원의 느티나무가 있는 낡은 벤치에 앉았다. 조금 있으면 느티나무 잎이 다 떨어져 버릴 것 같은 생각이 들었다. 찬바람이 우리들이 걸친 앞치마 안으로 파고들어 왔다.

그녀가 말했다.

"아줌마는 친한 사람들이 많아서 좋겠어요. 친구가 참 많은 것 같아요. 아주 좋은 친구들이."

파랗게 언 늦가을 하늘을 보며 내가 말했다.

"그렇지만도 않아요. 나는 늘 외롭다는 생각이 들어요. 나도 지금 내가 겪고 있는 어려운 문제들을 솔직히 나눌 수 있는 친구가 없어요. 나처럼 이런 일을 하는 사람이 없으니까요. 내가 하는 말을 제대로 이해할 사람이 없어요. 그래서 늘 혼자라는 생각이 들어요. 어차피 인생은 혼자 아닌가요? 자식과 남편과 친구가 있어도 가끔은 혼자라는 생각이 들 때가 있지 않아요?"

그녀가 자신의 사연을 이야기했다. 그녀의 마른 입술이 움직일 때마다 느티나무에서 마른 이파리가 떨어지는 듯했다.

그녀는 십 년이나 밤낮으로 일을 했다고 한다. 식당을 한 지는 십 년이지만, 결혼 생활 이십 년 세월이 마찬가지였다. 남편이 돈을 벌지 못하여 자신이 힘들게 사는 것이 숙명이라 생각하며 남편에게 불만을 표현하지 않았다.

결혼한 지 십오 년 동안 아이가 없어서 고민하다가 딸 아이를 입양했다. 그 아이가 얼마나 예쁘던지 일은 힘들지만,

사는 재미가 솔솔 났다. 늘 미소를 잃지 않으면서 정성스러운 마음으로 음식을 만들었기 때문에 손님이 날로 늘어났다. 작은 가게 안에 사람들이 몰려들어 맛있게 해장국을 먹으면 그녀는 마음이 흐뭇했다.

아이가 있기에 주변의 불편한 시선을 의식하지 않아도 되었다. 사실 남편에게 문제가 있었지만, 사람들은 그녀가 아이를 가질 수 없는 것처럼 바라보곤 했었다. 종일 일을 하다가 아이가 놀이방에서 오는 시간에는 힘이 났다. 손님들도 아이만 보면 좋아했다. 많은 사람의 사랑을 받고 자라나는 아이를 보면 가슴이 뿌듯했다.

그렇게 혼자서 고생해서 모은 돈으로 남편이 다방을 인수했다. 사람들은 잘 생각해 보라며 말렸지만, 그녀는 남편이 원하는 것이었기 때문에 그대로 따랐다. 남편은 소형차를 구매해 아가씨를 태우고 차를 나르며 신바람을 냈다. 그녀는 남편이 좋아하는 것을 보고 이 직업이 적성에 맞는가 보다고 생각했다. 오랫동안 일정한 직업이 없던 남편이 작은 차에 아가씨들을 태우고 차를 나르는 모습이 대견스럽기까지 했다. 직업이 없는 무능한 남편이라는 말을 듣지 않아서 좋기도 했다.

하지만 그녀의 기쁨은 얼마 가지 못했다. 어느 날부터 남편은 집에 들어오지 않았다. 아이가 아빠를 그토록 간절히 찾았으나 아빠는 들어오지 않았다. 사람들은 남편이 어느 임대 아파트에 딴 살림을 차렸다고 했지만 믿을 수 없었다. 그녀는 다리가 붓도록 해장국을 팔아 날마다 남은 돈을 남편 통장에 넣었다.

그러던 어느 날 다리가 퉁퉁한 여자 둘이 찾아왔다. 가게를 잡히고 사채를 썼으니 그 돈을 갚아야 한다는 것이었다. 깜짝 놀란 그녀는 남편에게 전화했지만, 연락이 되지 않았다. 주변 사람들이 그녀가 밤새워 해장국을 끓이는 사이, 남편은 화투 놀이에 빠져들어 다방과 집과 가게까지 말아먹고 제주도로 다방 아가씨를 데리고 도망을 갔다고 했다.

그녀는 그 말을 믿을 수 없었다. 자신이 칠천 원짜리 해장국을 끓이는 시간에 남편이란 사람이 밖에서 그런 일을 하며 재산을 탕진하다니. 하지만 그건 현실이었다. 그녀가 아무리 열심히 일해도 사채업자가 날마다 돈을 앗아가 버렸다. 빈 껍데기만 남은 그녀는 아이를 데리고 떠날 곳도 없었다. 아무리 일을 해도 남편이 진 빚을 다 갚을 수 없는 상태였다.

손에 물 마를 날 없이 일해 온 그녀는 허전한 눈망울을 굴리고 있었다. 열심히 살면 복이 온다는 따위의 말이 이 여자에게 무슨 소용이 있을까. 모든 것을 버리고 떠나고 싶어 하는 이 여인의 심정을 누가 알아줄 것인가. 입양한 딸아이에게 정이 흠뻑 든 그녀는 아이를 키울 생각이 아득하다 했다.

말씨도 맵시도 어디 하나 버릴 것이 없는 그녀를 나는 어떻게 위로해야 할지 알 수 없었다. 식은 커피를 홀짝거리며 나는 말했다.

"오늘은 더 걱정하지 말아요. 걱정한다고 무엇이 해결되는 것은 아니잖아요. 내일 걱정은 내일로 미뤄요. 그것이 최고의 방법이에요."

그녀는 싸늘하게 식어버린 커피를 보며 말했다.

"아줌마, 내 나이가 몇인데 나보고 지금 무엇을 어떻게 하라고 이런 시련이 오는 것일까요? 내가 무엇을 잘못했다고요. 젊어서도 나이 들어서도 굴곡 없이 잘만 사는 사람들도 많던데 왜 나는 이런 고생을 하고 살아야 하는지 이해가 안 가요."

우리는 멍하니 파랗게 언 하늘을 쳐다봤다.

"아줌마, 내가 해장국 돌그릇을 들고 동분서주하는 동안에 그 사람은 인생을 즐기면서 살았나 봐요. 하기야 소처럼 일하는 마누라가 있으니 돈 쓰며 타락하는 남편이 있는 거겠지요."

그녀의 풀린 눈망울이 버석거리는 느티나무 잎을 보고 있었다. 길 한쪽에서 유치원 가방을 멘 아이가 우리를 보며 나비처럼 팔랑팔랑 뛰어왔다. 나는 아이의 무릎까지 쌓인 나뭇잎을 보며 아무 말도 하지 못했다. 아이의 맑은 눈망울이 슬프고도 아름다웠다.

| 열아홉 가락 |

돌아와요, 아기 엄마

"아줌마, 이 아이를 놓고 그 여자가 도망가 버렸어요."
삐거덕거리는 문을 밀고 들어온 사나이가 말했다.
"아니, 이럴 수가. 어쩜 이렇게 어린 핏덩이를 놔두고."
밀가루 반죽을 하다가 사나이가 안고 들어온 아이를 받아 안으며 말했다.
"아줌마가 나만 보면 마누라한테 잘하라는 말을 했지요. 도망갈지 모른다고. 아줌마 염려대로 도망갔어요. 아줌마가 그런 암시를 줄 때마다 말이 씨가 되지 않을까 걱정했는데."
사나이는 이글거리는 눈으로 나를 쳐다봤다.

사나이가 처음 우리 집에 왔을 때 눈빛이 섬뜩했다. 함박눈이 펑펑 쏟아지는 겨울날 사나이는 산토끼처럼 우리 집에 뛰어 들어왔다. 이글거리는 눈빛이 무엇을 의미할까. 사나이는 누가 물어보지도 않았는데 말했다.
"아줌마, 나는 부산교도소에서 무기징역 받고 살다가 나온지 얼마 되지 않은 사람이에요. 평생 감옥에서 살 팔자였는데 특사로 풀려나온 거지요."
"아, 아니, 어떻게 그렇게 되었어요? 잘 나왔어요."

입이 떨어지지 않았다. 불타는 듯한 눈빛에 살기가 어려 있었다.

"아줌마, 놀라지 마세요. 나는 비록 살인해서 감옥에 갔다 왔지만, 아줌마 같은 선량한 사람들을 괴롭히는 사람이 아니에요. 잘살아 보라고 날 내가 보내주었지요."

사나이는 우동 한 그릇을 놓고 소주를 병째로 마시며 말했다.

'그래, 저 사람의 눈빛만으로 판단하면 안 돼. 분명히 저 사람에게도 사연이 있을 거야.'

마음속으로 중얼거리며 긴장감을 풀려고 했다. 미범은 주방에서 어묵을 자르며 사나이와 눈을 마주치지 않으려고 했다.

"아저씨, 술을 많이 먹지 마세요. 이제부터 잘 살아야 해요. 아저씨 부모님은 살아 계세요?"

"어머니가 살아 있어요. 우리 어머니가 내가 감옥생활 십 년을 하는 동안 부산교도소 앞으로 와서 살면서 우리 아들을 데리러 왔다고 지극정성을 보였지요. 어머니가 나를 따라올 줄은 몰랐어요."

소주병을 잡은 남자의 손등에 파란 문신이 새겨져 있었다.

"지금 몇 살이세요?"

"마흔셋이요."

"어머나, 나랑 동갑이네요."

"교도소 들어갈 때가 삼십 대 초반이었으니 난 앞으로 삼십 대로 살 겁니다."

사나이는 잃어버린 세월에 대한 애착을 드러냈다.

"다시는 그곳에 가면 안 돼요. 어떻게 하면 인생을 잘 살 수 있을까 생각해 봐요. 아주 천천히 생각하며 살아요. 이제 나이도 먹었고 잘 살아야 해요."

"아줌마, 세상이 나 같은 사람을 대우해 준대요? 사람들은 내가 살인해서 감옥에서 살다 나왔다고 하면 도망가요. 예전에 알았던 사람들이 나를 보면 피한다니까요."

사나이는 이미 세상에서 냉대 받을 것을 각오하고 있는 듯했지만, 막상 아는 친구까지 만나주지 않으니 외로운 모양이었다.

사나이는 취기 어린 목소리로 자신이 그곳에 간 이야기를 늘어놓았다. 우동기계에서는 드르륵드르륵 면 가락이 흘러나왔고 사나이 입에서는 절실한 이야기가 흘러나왔다.

서른 살이 되도록 사나이는 팔뚝에 그려진 문신을 자랑삼아 살았다고 한다. 아무 곳에서나 용이 그려진 팔뚝을 내놓으면 사람들을 휘어잡을 수 있었다. 먹고사는 것에는 그다지 걱정이 없었다. 적당히 동료들과 어울려서 호주머니가 궁하면 습관처럼 일을 저질렀다. 그렇게 사는 것이 잘못되었다든지 나쁘다는 생각은 별로 들지 않았다. 사람들은 사나이가 필요하다 싶으면 데리고 다녔다. 사채를 쓴 사람들 앞에 나서서 돈을 받아 낼 때 무게를 잡기도 하고, 때로는 혼내주라는 부탁을 받고 몸싸움했다. 그것이 남에게 피해를 주는 삶이라고 생각하지는 않았다.

그러던 어느 날 동료들과 어울려서 과격한 행동이 필요한 집에 갔다. 돈을 내놓으라고 협박했다. 바락바락 덤비는 남자를 폭행했다. 사람을 죽이려는 마음은 눈곱만큼도 없었는데 한순간에 사람이 죽었다. 사나이는 자신이 사람을 죽였다는 것이 믿어지지 않았다. 질긴 생명이 그렇게 쉽게 끊어지는 현장을 사나이는 봤다. 멀거니 서 있다가 자신도 모르게 택시를 잡아타고 어머니가 살고 있는 집으로 갔다. 밖에는 달맞이꽃이 피었다. 노란 달맞이꽃은 어린 시절 죽은 아버지 기억을 실어다 주었다.

 사나이의 아버지는 술만 먹었다. 달맞이 꽃술처럼 노란 막걸리를 좋아했다. 아버지, 하면 떠오르는 기억이 노란 술이었다. 아버지는 막걸리를 먹고 집에 돌아오는 길에 잠이 들었다. 거리에서 잠을 잔 아버지를 사나이는 어머니와 함께 손수레에 싣고 긴 둑길을 걸어 집으로 왔다. 어머니의 한숨 소리를 달맞이꽃은 아는 표정이었다.
 하늘에 달이 둥실 떠 있었다. 그 아래 손수레를 끌며 터덜터덜 걸었다. 보릿고개가 무엇인지 신경을 쓰지 않던 아버지는 술만 마셨다. 어머니는 고물 손수레 하나로 땔감을 해서 읍내에 팔았다. 어머니와 사나이는 고물 손수레의 낡은 타이어처럼 터벅터벅 긴 둑길을 걸어 다녔다. 술에 노랗게 절어 사는 아버지가 미웠다.
 술이 깨면 했던 말을 반복하는 아버지가 이 세상에 없었더라면, 사나이가 밤잠을 설치는 일이 없었을 것이다. 낮에 나무하느라고 고단한 몸을 이끌고, 아버지를 찾아서 손수레에 실어와야 하는 사나이에게 아버지는 짐이었다. 사나이는 어두운 밤길을 걸으며 아버지가 나무라면 좋겠다는 생각을 늘 했다. 불을 지펴서 훨훨 하늘로 날려버릴 수 있다면 얼마나 좋을까 하고.

아버지의 술주정 속에 살았던 어린 시절에 사나이는 늘 아버지를 불태울 꿈만 꾸었다. 고단한 어머니에게 그것이 최선이었다. 술 먹으면 잠을 자고 술이 깨면 뱀처럼 꿈틀거리는 아버지는 독이 들어 있는 독사 같았다. 사나이에게 던지는 말은 언제나 곱지 않았다. 나중에는 술을 사 오라고 소리를 고래고래 질렀다. 어머니는 나무 판 돈으로 술을 사다 날랐다.

사나이는 남들이 다니는 중학교도 못 가고 밤에 다니는 재건학교에 가게 되었다. 그곳에서 그림을 그렸다. 토끼가 뛰어다니는 모습을 그려서 선생님이 감탄한 적이 있었다. 사나이는 나무를 하다가 잠깐 쉬는 동안에 작은 공간이라도 만나면 그림을 그렸다. 나뭇가지로 바위나 산길에 그림을 그렸다.

한 번은 나뭇가지로 산길에 그린 그림을, 지나가던 여학생이 보았다. 그 그림을 보고 사나이를 기억했다. 사나이도 그 여학생이 자신의 그림을 봤다는 것을 알아 마음이 설레었지만, 늘 자신이 나무 장사라는 것 때문에 고개를 떨궈 다닐 수밖에 없었다.

하얀 칼라의 교복을 입은 소녀는 읍내에 있는 여중에 다니고 있었다. 얼굴이 하얀 그 소녀가 자신의 가슴 깊이 숨어 있는 첫사랑이라고 사나이는 말했다. 그는 애간장만 태우다가 첫사랑의 얼굴 한번 제대로 쳐다보지 못하고 가출하고 말았다. 그 하얀 여학생 앞에 나무 손수레를 끌고 다니기가 싫었다. 밤에 다니는 재건학교 교복도 싫었다. 서울 가서 성공해서 돌아올 것이라고 어머니에게 글을 남기고, 자신이 가는 길이 어떤 길인지 모른 채 떠난 것이다.

사나이는 제 손으로 몸에 문신을 그렸다. 팔뚝에 그린 그 살아 움직이는 듯한 용이 자신을 늘 지켜 주리라고 생각했다. 살아남기 위한 마지막 발악으로 그린 그림은 자신에게 수호신처럼 느껴졌다. 나무를 하지 않아도 되는 생활이었고, 더 이상 그림을 그릴 필요도 없었다. 술과 담배와 여자가 늘 옆에 있었으며, 책임감 따위는 필요 없었다. 고향에 두고 온 어머니에게 나무를 팔지 않아도 될 만큼 돈을 부쳐주었다.

몇 년 후 달빛 아래에서 아버지가 죽었다. 그러나 그는 아버지를 찾지 않았다. 결국 죽을 것이면서 왜 사람들을 괴롭힌 것일까. 오히려 잘됐어. 어머니를 귀찮게 하지 않게 됐으니. 사나이는 그렇게 생각했다. 아버지는 화장했다. 불을 질러 아버지를 하늘로 날려 보내고 싶었던 어린 시절 생각대로 되었다. 사나이는 어머니의 죽음 앞에서는 자신이 울 것으로 생각하며 동료들과 술을 마셨다.

손수레로 아버지를 실어 나르던 길에 피어 있는 노란 달맞이꽃을 보며, 사나이는 자신이 사람을 죽이고 그 길을 걷고 있다는 것을 믿을 수 없었다. 꿈꾸는 것이 아닐까. 꿈이라면 얼마나 좋을까. 내가 어떻게 사람을 죽였을까. 이것은 꿈이야. 내가 잘못 그린 그림이니까 지워버리면 돼.

사나이는 택시 안에서 손등을 꼬집어봤다. 파란 용 꼬리에서 피가 나왔다. 꿈이 아니었다. 현실이었다. 그는 어머니의 손을 잡았다. 항상 그 자리에 있는 어머니의 손이었다. 차가웠다. 어머니의 눈에 눈물이 고여 있었다.

"아무 생각하지 마라. 그냥 오늘 밤에는 푹 자거라."

어머니는 부엌 가마솥에서 밥 한 사발과 감자가 들어 있는 된장찌개, 풋고추와 고추장장아찌가 놓인 상을 들고 나왔다. 오랜만에 받아보는 밥상이었다. 꿀맛처럼 맛있었던 옛날 추억에 마음이 찡해졌다. 울컥 눈물이 나왔다. 오랜 세월 한 번도 그렇게 진한 액체를 만나지 못했다. 울컥울컥 가슴속 깊이 들어 있는 속울음을 토하며 밥을 먹었다. 허겁지겁 이곳으로 달려온 것을 그 누가 알았을까. 밥 한 그릇을 먹고 잠에 취해 있는데 사나이를 잡으러 서울에서 사람들이 왔다. 어머니는 두 남자를 가로막으며 큰 소리로 울부짖었다.

"안 돼요. 내 아들은 죄를 지을 사람이 아니에요. 절대 못 데려가요."

하지만 잠에 취한 사나이의 손에는 이미 수갑이 채워져 있었고, 남자들은 사나이를 잡아 묶었다. 어머니가 보는 데서 아들을 꽁꽁 묶었다. 어머니는 아들을 붙잡고 울었다. 어머니의 몸부림에 두 남자도 눈을 붉히며 말했다.

"너희 어머니가 불쌍하지 않아? 왜 그런 엄청난 일을 저질렀어? 늙으신 어머니한테 못 할 짓을 한 거야."

한 남자가 사나이 뺨을 손바닥으로 때렸다. 어머니는 온

몸을 구르며 울었다. 어머니는 속바지에 소변이 줄줄 나오는 것도 모르고 울었다. 어머니가 그렇게 큰 소리로 울 줄을 사나이는 몰랐다. 자기 곁에 어머니가 있었다는 것을 왜 몰랐을까. 사나이는 어머니가 이 세상에 살아 있다는 것을 늦게나마 느끼면서 부산교도소에 수용되었다. 무기징역을 받은 사나이는 어머니가 부산으로 온 후 어떻게든 살아야 한다고 생각했다.

잘못 산 삶을 뉘우치며 다시 그림을 그릴 기회가 주어졌다. 성당에서 어느 신부님이 그림을 가르쳤다. 팔뚝에 문신 그림을 그린 후 다시는 그림을 그릴 수 없을 줄 알았는데 어머니를 생각하니 영감이 떠오르곤 했다. 예전에 어머니와 나무하러 산에 갔을 때 하늘에 떠 있는 구름을 그렸다. 그 구름 안에 푸른 강물이 흐르고 있었다. 해를 품고 있는 해바라기를 그렸고 잊어버렸던 가랑머리의 소녀도 그렸다. 신부님은 무심히 사나이 그림을 보며 사나이 마음에 부드럽고 따뜻한 햇살이 들어 있다는 말을 했다

어느 날 사나이에게 행운이 왔다. 교도소 문 앞에서 날마다 아들을 위해 물을 떠 놓고 조상님께 기도하는 어머니의 정성이 하늘에 닿았다. 사나이가 그린 그림이 국전에서 대상을 받게 된 것이었다. 신부님의 도움으로 사나이는 특사를 받아 풀려나게 되었다. 어머니와 사나이는 다시 고향으로 돌아왔다. 아무도 반기지 않는 전과자가 되어 돌아온 것이지만.

사나이는 자신의 이야기를 손님들이 계속 드나드는데도 거침없이 늘어놓았다. 과거를 숨기지 않고 말하는 사나이에게 나는 좀 겁이 났다.

"이제 아무에게도 말하지 말아요. 이 세상에 당신을 기억할 사람은 많지 않아요. 사람들이 나를 기억할까, 어떻게 생각할까 하는 생각을 하지 말아요. 인생의 그림들이 모두가 잘 그린 명작일 수는 없잖아요. 지나간 잘못은 잘못 그린 그림이었을 뿐이라 생각해요. 이제 이를 악물고 살아요. 어머니가 옆에 있는데 뭐가 걱정이세요."

나는 사나이에게 희망을 주고 싶었다. 힘들게 사는 사람들을 보며 사람 사는 맛을 느끼게 되면 좋겠다고 생각했다. 사나이는 식탁 위에 토끼 한 마리를 그려놓고 갔다.

사나이는 가끔 우리 집에 왔다. 생활고로 괴롭다고 이야기했다. 어머니를 부양하기 위해 날마다 일자리를 찾아 헤매지만, 사람들이 인정해 주지 않기 때문에 항상 실업자로 지낸다는 것이다. 사나이를 필요로 하는 일자리가 주어진다면 얼마나 좋을까 생각했다.

사나이는 한동안 충주댐으로 올뱅이를 잡으러 간다고 이야기했다. 맑은 물에서 올뱅이를 건지는 사나이가 물처럼 투명한 영혼을 안고 살아주기를 원했다. 늘 불안해 보이는 사나이가 또 일을 저지르면 어쩌나 하는 조바심이 났다. 사나이에게 올뱅이를 일부러 사서 국을 끓여주기도 했다.

올뱅이를 주우러 다니면서 어느 날 자그마한 아가씨 하나를 데리고 왔다. 아가씨는 사나이의 밀짚모자를 쓰고 수줍게 웃었다. 햇살에 까맣게 그을린 아가씨는 사나이를 보고 오빠라 불렀다. 그러더니 아가씨의 배가 불러오기 시작했다. 사나이와 나이 차이가 이십 년 정도가 났다. 사랑에는 국경도 나이도 없다는 말이 있지만 왠지 불안해 보여서 그 아가씨가 오면 다독거려주었다.

"아가씨, 아이를 낳게 되었으니 다른 마음 먹으면 안 돼요. 엄마가 되기로 결심했으면 끝까지 책임져야 해요."

아가씨는 작은 실눈으로 웃으며 말했다.

"아줌마, 오빠가 충주 달래강에서 올뱅이만 많이 잡으면 밥 먹고 살 수 있어요. 우리 아기랑 행복하게 살 거예요. 오빠가 착한 사람이라서 도망가지 않아요. 걱정하지 마세요."

하지만 결국 그녀는 떠나버렸다. 사나이가 어린아이를 포대기에 싸서 안고 가게 안으로 들어왔다.

"아니, 이런 핏덩이를 놔두고……. 어쩐지 불안해 보였어요. 아기가 아기를 낳았으니……. 이제 어떻게 하면 좋아요."

사나이는 까무잡잡한 얼굴로 아이를 바라보았다.

"내 나이 사십이 넘어서 아들을 얻었는데 이렇게 아이를 낳아놓고 가버릴 수 있을까요? 내 아들이 아비처럼 살아서는 절대로 안 되겠지요. 나는 아들을 잘 길러야 해요."

아버지의 자리가 사나이의 이글거리는 눈빛을 조금 온화하게 만든 것 같았다. 어딘가에 어머니가 살아 있을 텐데 이 아이는 어머니 얼굴도 모르고 인생을 살아야 하겠다고 생각하니 가슴이 아렸다. 아무것도 모른 채 눈을 감고 있는 아이를 안고 사나이는 떠났다.

　백발의 노모와 함께 아이를 키우고 있는 사나이의 모습이 늘 불안해 보였지만, 어딘지 모르게 애절한 사랑이 흐르고 있음도 느낄 수 있었다. 사나이가 잘 그린 토끼 같은 자식을 얻었으니 여우 같은 마누라가 돌아와 준다면 얼마나 좋을까.

3부

행복한 우동가게

우동

매끈하게 와 닿아 척하고
안기는 어떤 숨결
혹은 사랑 같은 것

| 스무 가락 |

우리우동가락이들어있어

 달걀을 사라는 시골 아저씨 외침 소리가 나른하게 들려오는 어느 날 오후, 미범이와 나는 부엌에서 수다를 떨고 있었다. 우리는 철물점 아줌마 흉을 보았다. 같이 쓰는 화장실 청소는 잘 안 하면서 우리 손님들이 가끔 술 먹고 음식물을 토해 놨다고 야단을 치는 것이 싫었다.

 술 먹고 토하는 것은 그 사람들이 일부러 하는 게 아니었다. 물론 내가 시켜서 하는 것도 아니었다. 그런데도 철물점집 아줌마는 우리가 큰 죄인이라도 되는 양 인상을 썼다. 얼른 미안하다고 하고 치우면 되지만 아줌마가 인상을 쓰니 반발하고 싶어졌다.

 사람이 먹어서 뱃속으로 들어간 것은 소화가 된 뒤에 변이 된다. 그런데 변이 되기를 거부해서 거꾸로 다시 나온 것이니 그것도 음식이다, 그것을 어떻게 나쁘다 욕할 수가 있느냐, 그렇게 대든 적도 있었다.

 아줌마는 우리가 우동집을 시작하기 전에는 토하는 사람들이 없었는데, 우리가 가게를 하고 난 뒤부터 그런 일이 잦다고 말했다. 내가 주인이 우동집을 하게 했으니 그런 것 아니냐고 대들면 아줌마는 얼굴을 붉히며 돌아갔다. 그리고 나면 나는 철물점 아저씨한테 이를 것 같아 겁이 났다. 인정 많고 솜씨 좋은 그 아저씨는 우리 가게의 이런저런 것들을 잘 고쳐주곤 했다.

아줌마가 처음 나를 보았을 때, 마른 체구에 청원피스와 야상 바바리를 입고 있었다면서 정말 촌스러운 여자구나, 하고 생각했다는 말을 자주 했다.

나는 그 말에 화가 나고 자존심이 상했다. 솔직한 말이었지만 받아들이고 싶지 않았다. 나는 처음에는 작업복이 없어서 비싼 옷을 입고 지내다가, 그 뒤에 친구 희수가 장만해 준 작업복을 입었는데, 아줌마가 나를 두고 그렇게 말하는 것이 불쾌했다. 나는 철물점 집 아줌마에게 그런 무시를 당한다는 것이 싫었다.

하지만 우리 딸과 아들은 철물점 집 아줌마의 웃음소리가 재미있다며 철물점 앞에 서 있곤 했다. 우리 아이들은 철물점 집 내외에 대해서 너무나 서민적인 것 같아 좋다는 이야기도 했다.

사실 나도 처음에는 마음이 불편했지만, 날이 갈수록 정이 들어 좋았다. 소록도 섬에서 시집왔다는 아줌마는 섬 처녀처럼 순수한 마음이 있었다. 자신의 마음을 감출 줄 모르고 직설적으로 드러내는 사람이었다. 그런 지나친 솔직함이 때로는 불편하고 서운했지만, 아줌마가 떠나온 섬을 생각하며 웃을 수 있었다.

처음에는 그럴 수도 있다고 생각하여 옷 입는 것에 신경을 썼지만, 나중에는 생각을 달리하였다. 그리고 출근할 때 철물점 아저씨가 머리에서 발끝까지 훑어보는 눈길이 싫어서

"아저씨, 내 몸이나 우리 아줌마 몸이나 우리 집에 온 손님 몸이나 다 허투루 쳐다보지 마세요."

이런 말을 할 수 있을 정도로 격이 없어졌다. 아줌마는 내가 가게 음식만 먹는다고 안쓰러워하며 직접 집에서 만든 음식을 챙겨주기도 했다. 힘들게 일하는 모습이 측은해 보였던지 하루는 아저씨가 나를 불렀다. 아줌마가 잠깐 살림집에 올라가 있을 때였다.

철물점으로 가보니 아저씨가 맛있는 돼지고기 두루치기를 드시고 있었다. 아줌마 없는 틈에 그 고기를 먹으라는 것이었다. 순간 그 풋풋한 정에 감격했지만, 아줌마가 금방 들어올 것 같아 마음이 불편하고 미안한 생각이 들기도 했다. 나는 아저씨의 성의를 무시할 수도 없고 아줌마에게 들킬까 봐 난감하기도 하여 떨리는 손으로 돼지고기 보쌈을 두 점 집어 먹고 재빨리 우리 가게로 와버렸다. 뭔가 훔쳐 먹은 느낌이었지만 정말 맛있었다.

그렇게 나는 정 많은 시골 아저씨와 아줌마랑 함께 가족처럼 살게 된 것이다. 그러면서도 미범이와 나는 종종 흉을 보았다. 철물점 앞에 토해놓은 음식물 때문이었다. 새벽에 퇴근한 우리는 모르는 일이었지만, 그때마다 아줌마는 인상을 썼다.

나는 미범에게 말했다.

"미범아, 우리 손님이 그런 것인지 지나가던 손님이 토한 것인지 어떻게 알아, 그렇지? 우리 앞으로 치우지 말까?"

미범은 웃으며 말했다.

"그런데 아니야. 우리 우동 가락이 들어 있어."

그 말에 웃음이 나와 미범과 나는 배꼽을 잡고 웃었다. 우리는 홀 안의 손님을 의식하지 않고 마구 웃어댔다. 몸 안에 쌓여 있던 좋지 않은 기운들이 몽땅 밖으로 터져 나오는 느낌이었다.

"아니, 뭐가 그렇게 좋아서 연수동이 떠나가도록 웃는 거야?"

철물점 아줌마가 삐그덕거리는 문을 열고 들어오면서 우리를 쳐다보며 따라 웃기 시작했다.

| 스물한 가락 |

외로운 밤, 우주에서 온 아줌마

수염이 더부룩한 남자가 문 앞에서부터 사진을 찍으며 들어왔다. 우리 집 안에 덕지덕지 붙어 있는 글을 사진기에 담았다. 김밥을 싸다가 앞치마에 기름을 쓱쓱 닦으며 내가 말했다.

"안 돼요. 우리 집을 알리면 안 돼요."

모자를 푹 눌러쓴 남자는 나를 보며 씽긋 웃었다.

"아줌마가 순희 언니인가요? 사진 몇 장 담고 얘기 드릴 생각이었어요."

"아니요, 저는 우리 집이 알려지는 거 싫어해요."

남자는 렌즈 뚜껑을 닫으며 식탁에 앉더니 자초지종을 얘기했다.

"아줌마, 사실 제가 지금 시나리오를 써서 영화를 만들고 있거든요. 남자 주인공은 바로 저고요. 사랑이 많은 사람은 할 일이 많다는 게 주제인데 이미 시나리오는 다 썼어요. 지금 제 고향 충주를 배경으로 찍을 장소를 몇 군데 보러 다니고 있어요. 시나리오에는 없지만 이 집을 배경으로 찍고 싶어요."

나는 그의 의도를 충분히 알아들었지만, 난색을 보이지 않을 수 없었다.

"우리 가게는 손님들이 스스로 만든 곳이기 때문에 난 사방에 알려지지 않고 그냥 조용히 있기를 바라요."

사실, 우리 가게가 방송과 신문에 화젯거리로 보도된 적이 있었다. 처음에 그런 제의가 왔을 때 거절했지만 결국 보도가 되고 말았다. 신문 한쪽 귀퉁이에 난 기사를 어느 손님이 코팅하여 가게에 걸어 놓았지만, 나로서는 방송한다는 게 정말 부담스러운 일이었다.

아침 전국 방송인데 아침 교양 프로그램이라면서 취재하겠다는 전화가 왔을 때도 나는 꼬리를 감췄다. 몇 번이나 전화해 달라는 전갈이 있었지만 나는 하지 않았다. 취재팀은 내가 괜히 거절하는 것으로 생각하고는 무조건 오겠다고 말했다.

"남들은 방송을 못 해서 안달인데 그러세요. 방송 거리가 된다고 하는 곳을 가보면 그렇지 않은데, 오히려 거절한 집에 가보면 참 좋아요. 아줌마 가게도 그럴 것 같아요."

어쩔 수 없게 된 나는 그들에게 조건을 붙였다.

"그럼 우리 집은 손님들이 만든 집이니 손님들을 취재하세요. 손님이 써 붙인 글들만 찍어가세요. 내 개인 사정이 알려지는 거 원치 않아요."

하지만 취재를 나온 그들은 내가 잠자는 모습까지 찍고 싶어 했다. 그들은 나의 일상생활을 보여주기를 원했으며, 설정에 따른 장면들을 연출해 주기를 원했다. 그러나 나는 있는 그대로 찍으라고 하고 평소 모습대로 손님을 맞았다.

얼굴이 작고 예쁜 아나운서가 마이크를 들이댔다.

"시인이 끓이는 우동집 맞지요?"
김밥을 말며 얼굴이 붉어져 대답을 못 하고 머뭇거렸다. '시인'이란 말은 사람들이 나에게 붙여준 애칭이었다. 그래서 나는 대답할 수 없었다. 나는 한 번도 나 자신을 시인이라 생각해 본 적이 없었다.

나는 공원 앞 느티나무 아래에서야 자연스럽게 인터뷰를 할 수 있었다. 평소 느티나무와 주고받은 대화의 시간이 나를 자연스럽게 만들어주었다. 나는 낡은 공원의 의자를 가리키고, 싸늘하게 얼어가는 하늘을 보며 현실과 이상에 관한 이야기를 두서없이 늘어놓았다.

"이 자리가 내 자리예요. 이곳에 앉으면 모든 것이 편안해요. 이곳이 나에게 가장 고요한 안식을 주는 곳이에요."

취재팀과 낡은 의자에 앉아 커피를 마시는데 첫눈이 내렸다. 아직 가을에 대한 미련을 버리지 못한 느티나무는 버석거리는 잎을 달고 첫눈을 맞았다. 눈과 커피와 낙엽이 함께 어울려 내 마음에 스산한 바람을 몰고 왔다.

공원에 앉아 우리 집을 보니 영락없는 포장마차였다. 하긴, 지나가던 사람들이 고물상 같다는 말도 했으며, 문을 열고 들어서면 인쇄소나 서점 같다는 말도 했다. 하지만, 이 지저분한 곳이 자신들이 꿈꾸는 세계라며 정을 붙였다.

취재팀이 우리 가게에 붙여진 쪽지 글 중 하나를 추천해 달라고 해서 나는 다음 글을 가리켰다.

외로운 밤

나를 기다리던 酒
입 맞추지 못하고
귀양 가는 이 맘
누가 알리오.

  이 글은 어느 날, 지금은 아니지만 예전에 알코올 중독자였던 분이 쓴 글이다.
  얼굴이 까무잡잡한 남자는 손이 유달리 컸다. 그 남자는 밤중에 가게에 와서 한 번씩 글을 훑어보았다. 그 남자의 눈은 매우 건조해 보였다. 무엇인가 목말라하는 눈이었다. 외로운 사람이 아니라면 그 시간에 우리 집을 찾을 리 없으리라는 생각에서, 나는 따뜻한 커피를 대접하곤 했다.
  그는 가끔 우동을 먹으며 한참씩 앉아 있었다. 그 남자의 손이 얼마나 컸던지 그 손등을 생각만 해도 우악스러웠다. 그 남자는 가끔 동료들과 함께 술자리를 갖곤 했다. 그때 그 남자는 술잔에 음료수를 부어 마셨다.
  어느 날, 메마른 눈을 반짝이며 그가 말했다.
  "아줌마, 나는 사실 중증 알코올 중독자입니다. 얼마나 그 증세가 심했던지 나에게는 죽음밖에 없었습니다. 술에 취해서 죽음밖에 없었던 알코올 중독자가 이렇게 살아가고 있으니, 기적이 이닐 수 없습니다. 알코올중독은 치료할 수 없는 병이라고 봐도 됩니다. 그래서 죽을 수밖에 없었습니다."

남자는 옷을 홀랑 벗고 술을 마셨다고 이야기했다. 그는 소주를 됫병으로 갖다 놓고 마셨고, 밥을 먹지 않고 아파트 안에서 술을 마셨다. 그에게는 오직 술뿐이었다. 술이 없으면 발가벗고 거리를 헤맸다.

그러다가 수용소에 갇히게 됐다. 그곳은 술이 없는 감옥이었다. 그대로 죽을 수밖에 없는 상황이었다. 그는 체념했다. 술이 없으면 죽음밖에 없다. 목이 마른다. 인간에 대한 그리움은 없다. 아무것도 눈에 들어오지 않았다. 어둠이 몸뚱이를 에워쌌다. 그대로 어둠 속으로 빨려 들어가는 듯했다. 어둠과 하나가 되어 어디론가 날아갈 것 같았다.

하지만 그는 저항했다.

"이대로 가야 합니까? 어디로 가는 겁니까? 나에게도 할 일이 있습니다. 이대로는 아닙니다. 나는 갈 수 없습니다."

그러자 온몸을 휘감았던 어둠이 잠시 머뭇거리며 일렁이는 듯했다. 그리고서 한참을 지나니까 그 어둠이 걷히기 시작했다. 그는 어둠의 터널을 빠져나와 햇살이 있는 곳에 서 있었다. 죽음으로 끌려가다가 살아난 것이었다. 그는 부끄러움을 되찾고 벗었던 옷을 입었다. 그리고 수용소에서 나왔다.

담당 의사는 기적이란 말을 되풀이했다. 이런 변화가 일어날 거라는 것을 아무도 기대하지 못했다. 의사는 앞으로 3년 절대로 술을 입에 대면 안 되며, 3년을 잘 참으면 조금 마음을 놓을 수 있지만, 3년이 지난 후 2년을 또 참아야 하며, 만 5년을 참으면 그때 술 한 잔씩을 입에 대어도 상관이 없고, 알코올중독에서 완치되었다고 말할 수 있다고 했다.

〈외로운 밤〉이라는 글을 쓴 날이 바로 그에게 3년이 되는 날이었다.

그가 내게 말했다.

"그동안 얼마나 술이 고팠는지 알아요? 그 유혹이 얼마나 나를 괴롭혔는지 몰라요. 그 지긋지긋한 괴로움에 시달리다가 술에 대한 그리움이 진할 때 이곳을 찾아왔어요. 이곳에서 술 한 잔씩 먹는 사람들을 보며 마음을 달랬어요. 이곳에 붙여진 글을 보며 유혹을 참았답니다. 오늘이 3년이에요. 앞으로 2년을 참으면 나는 술 앞에 자유인이 되는 거랍니다."

하얗게 첫눈이 내리는 중에, 나는 방송국 취재팀들과 손을 흔들며 작별했다. 나 자신의 모습을 보이려고 애쓰기보다는, 다른 사람들에게 도움이 될 만한 내용이 되기를 바라면서 조금 도와주었을 뿐인데도, 이상하게 허전한 바람이 가슴을 파고들었다. 나는 한동안 그 허전함을 맛보며 몸살을 앓기까지 했다.

그런 기억이 남아 있기에, 나는 카메라를 들고 온 그 영화감독에게 큰 소리로 우리 집을 찍으면 안 된다고 말할 수밖에 없었다. 영화에서나 나올 듯한 편한 옷차림과 얼굴의 그는, 밤중에 우리 집을 배경으로 촬영하고 싶다는 말과 글 하나를 남기고 떠났다.

꿈속의 사람

한 줄로도 이 많은 마음을

표현해도 좋으련만
벌써 세 줄째고
각기는 내가 박학기란 가수를
부른 이름인데.......

사랑이 많은 사람은
할 일이 많다

  얼마 뒤, 우리 집 아이들이 그가 써놓은 글을 보고는 깜짝 놀라며 말했다.
  "엄마, 이 아저씨 지금 텔레비전에서 뜨고 있는 배우야. 얼마나 멋있다고, 정말 우리 집에 왔었어요?"
  딸이 하는 말을 듣고서야 나는 남자가 요즘 잘나가는 배우이며 영화감독이라는 것을 알았다. 그러고 보니 우리 집에 오는 손님들도 거의 그 사람을 알고 있었다. 나는 속으로 웃었다. 원래 텔레비전을 보지 않는 편이지만 가락국숫집을 하고부터는 정말 그럴 기회가 없었다. 그러니 그 잘나간다는 배우를 한 번도 보지 못했을 수밖에. 사람들은 소리를 내 웃었다. 우주에서 온 아줌마라는 말을 했다.
  내가 알고 있는 것이 무엇일까? 정말이지 아무것도 없다. 우동 끓이는 일과 공원 앞 느티나무잎이 변하는 저 아름다운 풍경밖에는. 하지만 많이 알아서 병이 될 수는 있을지언정, 내가 모르는 게 많아서 병이 되는 일은 없지 않을까?

| 스물두 가락 |

위험한 천국 여행

종일 가을비가 내렸다. 느티나무 아래서 서성거리며 가만히 느티나무 잎을 보며 말했다.
'바다에 가고 싶다.'
일을 하면서 한 번도 내가 좋아하는 바다에 가지 못했다. 막연히 큰 가방 하나 들고 떠나고 싶은 마음이었다. 공원의 느티나무에서 위안받으면서도 나는 늘 다른 세계를 꿈꾸었다. 그 다른 세계는 바다와 산이었다. 이곳에 매여 갈 수 없는 그 나라가 몹시 그리웠다.

우산을 받지 않아도 느티나무가 가려주어 괜찮은 공원 낡은 의자에 앉았다. 낙엽이 되기 위한 몸부림으로 날마다 색깔을 달리하는 나뭇잎들이 마음을 사로잡았다. 나를 부르는 파도 소리를 들으며 바다로 가고 싶어서 안달이 났다.

> 초여름 바닷바람에 홀려
> 맨발로 달려가는 여자
> 쏟아지는 별 한 무더기

나는 미범에게 문을 닫아버리고 바다로 가을 여행을 떠나자는 말을 했다. 미범은 소녀처럼 웃으며 자신도 정동진역으로 가고 싶다고 했다. 미범의 가슴속에도 바다가 그렇게 있었다.

우동집을 시작한 후 우리는 단 한 번도 가게 문을 닫아본 적이 없었다. 문을 닫으면 가게를 찾아온 사람들이 상심하리라는 생각에서 문을 닫을 수 없었다. 평소보다 조금만 문을 빨리 닫아도 불 꺼진 창을 보며 아쉬워하는 그들이니 말이다.

미범은 가끔 쉴 수 있지만, 나는 이 집을 지켜야 하는 사람이므로 하루도 쉬지 못했다. 때로 가슴 깊이 답답함을 느낄 때면 하루 이틀 먼 곳으로 가서 실컷 잠을 자고 싶었다. 떠나고 싶을 때 언제나 떠날 수 있는 자유를 그리워했으며, 때로는 조용한 밀실을, 때로는 광활한 바다를 꿈꾸기도 했다.

사람들은 내가 끓여내는 우동 국물에 바다가 숨어 있다는 걸 알지 못할 것이다. 우동 가락을 뽑아내고, 우동 국물을 다시마, 참치, 새우 등으로 달여 내면서 나는 바다를 느끼고 바다 냄새를 맡는다. 가게 문을 닫고 정말 바다로 떠나버리면 그 자유롭고 편안한 세계에 빨려들어 다시는 돌아오지 못할지도 모른다고 생각하면서…….

비는 계속 내렸다. 문을 닫을 즈음 비를 맞고 들어선 두 청년이 있었다. 비가 와서 가게를 찾아왔다고 말했다. 나는 우동 냄새가 배어 있는 수건을 내밀었다. 청년들은 빗물을 수건으로 닦으며 어묵 한 사발에 청주를 마셨다. 청주를 마시며 청년은 마음이 묘하게 쓸쓸하다고 말했다.

눈이 큰 청년은 사랑했던 여자가 자신을 버리고 떠났다고 말했다. 그렇다면 가슴이 아플 것이다. 슬픔은 남아 있는 사람들의 몫일 테니 말이다. 청년은 그 여자를 잊을 수 없다면서 바다에 가고 싶다고 말했다.

"해 뜨는 모습을 보며 모든 미련을 그곳에 놓고 오고 싶어요."

"정말이에요? 나도 바닷가에 가고 싶은데······."

혼잣말처럼 중얼거리는데 미범이가 큰 소리로 말했다.

"은미 엄마, 정말 나도 바다에 가고 싶어. 정동진역에 가서 해 뜨는 모습을 보고 싶어."

바다는 모든 사람의 가슴에 살아 있는 모양이었다. 그래서 우리가 아프고, 외롭고, 슬플 때 파도 소리를 내어 우리를 부르는 모양이었다.

그때 실연한 청년이 말했다.

"우리 지금 떠나요. 지금 가면 정동진에서 해 뜨는 모습을 볼 수 있어요. 그곳에서 해 뜨는 모습을 보고 회를 먹고 바로 오면 아침 출근도 할 수 있어요."

"갈까요? 정말 우리 떠나버릴까요? 그래요. 당장 떠나요."

그러자 내가 농담처럼 한 말은 순식간에 모두의 진심이 되어버렸다. 이렇게 깊은 밤, 바다로 간다는 것은 얼마나 멋있는 일인가. 이런 식이 아니라면 여행을 할 수 없는 게 우리의 현실이었다.

미범이와 나는 무조건 바다로 가자고 결론을 내렸다. 나는

3부 행복한 우동가게

잠자는 아이들에게 전화해서 내 마음을 그대로 전달했다. 엄마가 얼마나 바닷가에 가고 싶었는지 모른다고. 지금 기회가 생겨서 아줌마랑 함께 떠나겠다고. 미범이는 고물 주우러 다니는 남편에게 핸드폰으로 전화를 했다. 그렇게 우리는 순식간에 여행 준비를 끝냈다. 그러고는 작업복 차림으로 청년들의 차에 올랐다.

하지만 문제가 있었다. 첫째는, 세상 때가 묻은 우리 두 아줌마의 심성이 불러일으킨 것이었다. 남자 둘 여자 둘이 떠나는 것이 마음에 걸렸다. 나이 먹은 아줌마가 풋풋한 청년들과 떠나는 여행이니 말이다. 둘째는, 눈이 큰 청년과 함께 온 청년이 아침 출근을 해야 한다는 것이었다. 시간에 맞추어 돌아오기는 무리라는 생각이 들었다.

그래서 눈이 큰 청년은 친구에게 내리라고 했다. 그 친구는 인상 좋게 웃으며 실연한 청년이 청주를 마셨기 때문에 자신이 운전해야 한다고 했다. 하지만 결국 나는 그 친구를 내리게 했다. 여러모로 보아 셋이 가야 안전한 여행이 될 것 같았다. 그 친구는 자신이 다니는 회사 앞에서 내리면서 나와 미범에게 둘 다 잠이 들면 안 된다는 말을 여러 차례 했다.

미범이와 나는 코스모스가 피어 있는 어두운 길을 쳐다보면서, 가을밤 우연히 동해로 떠나게 된 자신들이 대견스럽다고 말했다.

"어차피 인생은 저지르는 사람들의 몫이야. 이 여행은 정말 기억에 남을 거야."

나는 미범의 손을 잡으며 말했다.

실연으로 멍든 가슴을 달래려고 동해를 향하여 자동차를 몰면서, 청년이 말했다.

"아줌마, 내일 점심시간까지 돌아오려면 부지런히 가야 해요. 절대로 잠자면 안 돼요."

"예, 염려 마세요. 우리는 밤의 창밖 풍경이 너무 좋아서 잠을 잘 수 없어요."

나는 그렇게 야무지게 말했다.

하지만 우리는 잠을 자지 않겠다는 약속을 지키지 못했다. 잠에는 장사가 없다는 말을 실감했다. 종일 우동을 끓이느라 지쳐 있었던 우리는 파도처럼 밀려오는 피로에 휘감기고 말았다. 우리는 성냥팔이 소녀들처럼 가지고 온 가방을 꼭 붙들고 잠이 들어버렸다. 정말 달콤한 잠이었다.

그러던 중 나는 꿈꾸었다. 나와 미범은 어떤 따스한 방으로 들어갔다. 방에는 책이 많았으며, 성모상이 온화한 모습으로 서 있었다. 우리는 따듯한 온기를 느끼며 쉬고 싶다고 생각했다. 그때 갑자기 어떤 말소리가 들렸다. 미범이가 세상을 잘 살았기 때문에 '선택받았다'는 것이었다.

그러자 미범이가 말했다.

"아니야, 은미 엄마. 나는 죄가 커. 나는 가끔 부엌에서 은미 엄마 흉도 봤고, 손님이 많이 오면 귀찮아하기도 했고, 가끔 미리 삶아놨던 우동을 그냥 손님들에게 주기도 했어. 나는 아니야."

나는 미범에게 말했다.

"아니야, 미범이처럼 착한 사람은 이 세상에 없어. 자기는 살아 숨을 쉬는 천사야. 고무통에서 목욕하는 자기를 보고 하늘에서 내려온 천사라 했다지 않았어? 고물 주우러 다니는 남편이 말이야."

나는 늘 미범의 남편이 고물 주우러 다닌다는 게 재미있었다. 그래서 꿈속에서도 그 이야기를 하며 웃었다. 그러자 갑자기 천장을 뚫고 푸른 용 두 마리가 하늘로 날아 올라갔다. 놀라서 그 방을 나오자 어떤 흰옷 입은 사람이 우리 둘을 따로 데리고 다니면서, 시간이 없으니 정해진 시간 안에 꼭 시장을 잘 봐야 한다고 말했다.

많은 물건이 눈에 들어왔다. 나는 내가 만난 사람들에게 꼭 필요한 물건을 샀다. 물건을 볼 때마다 한 사람의 얼굴이 떠올랐다. 비옷이 필요한 사람이 있었고, 오리털 파카가 필요한 사람도 있었다. 바닷고기가 많은 곳에서 나는 걱정이 됐다. 오징어를 팔고 있는 아줌마에게 오징어가 썩을지 모르니 칼로 잘라서 젓갈을 만들라는 말을 해주었다. 어시장이었지만 생활용품도 많았다.

그러고 나자, 흰옷을 입은 사람이 내가 시장을 잘 봤는지 평가한다고 했다. 가만히 있었더니 가슴이 뜨거운 사람이라서 시장을 잘 봤다며 합격이라고 했다. 다른 곳에서 장을 본 미범이도 합격이었다. 미범이는 웃으면서 내 손을 잡았다. 그때 나는 내 몸이 심하게 흔들리는 걸 느꼈다. 차가 흔들리고 있었다. 나는 비몽사몽 중에 계속 중얼거렸다.

"하느님, 잘못했어요."

사고가 난 것이었다. 청년이 잠깐 졸은 사이에 사고가 난 것이다. 내가 꿈에서 빠져나오고 있을 때였다. 차는 허공으로 붕 떠서 두 번 땅바닥에 부딪혔다. 여전히 꿈속에 있는 것 같았다. 차는 어느 벽에 붙어서 꼼짝하지 않았다. 청년은 우리에게 괜찮으냐고 물었다. 우리도 청년에게 괜찮으냐고 물었다. 고개가 약간 뻐근한 정도였을 뿐 크게 다친 곳은 없었다. 우리는 카센터에 전화했다.

"바로 앞이 동해인데, 바다는 보고 가셔야지요?"

겁에 질린 표정으로 청년이 우리에게 말했다.

"아니에요. 우리는 꿈속에서 바닷가에 있는 어시장에서 장을 봤어요. 이제 돌아갈래요."

나는 방금 꿈속에서 있었던 일을 현실인 양 들려주었다. 청년은 내가 무슨 말을 하는지 알아듣지 못하는 기색이었다. 미범이도 돌아가자며 고개를 흔들었다. 그렇게 그리웠던 동해를 앞두고 우리는 덜덜 떨며 119구급차에 올랐다. 구사일생이라는 말을 인명구조대 아저씨들이 했다. 하마터면 모두 죽었으리라는 것이었다. 차가 많이 망가져서 수리 비용이 많이 들 것이라고도 했다.

새벽 찬바람이 추웠다. 손이 시렸고, 마음도 시렸다. 충주가 그리웠다. 그곳에 가면 따뜻한 우리 우동집이 있다. 허름하지만 마음이 편안한 곳, 힘들지만 포근한 집이다. 나는 느티나무에게 미안했다. 빨리 충주로 가고 싶었다. 우리는 버스를 두 번이나 갈아탔다. 차창 밖으로 새벽을 여는 사람들이 분주히 움직이는 것이 보였다. 쓸쓸한 가슴일 터인데도 잘들 살고 있구나, 하는 생각이 들었다.

충주에 도착해 허름한 가락국숫집과 공원 느티나무를 정겹게 바라보며 미안하다는 듯이 손을 흔들었다. 미범이와 나는 씁쓰레한 미소를 지으며 사우나에 들어갔다. 뜨거운 물에 온몸을 담그며 밤중에 일어난 일들은 우리 둘만의 이야기로 남기자고 약속했다. 다른 사람들이 알면 기가 막힌 화젯거리가 될 일이라고 생각했다.

우리는 머리 단장을 하고 우동집 문을 열어 점심 손님을 받았다. 청년을 차와 함께 그곳에 떨구고 온 것이 마음에 걸렸다. 차를 고치는 값이 많이 들면 내가 반을 줄 생각도 해보았다. 그래서 몇 번이나 전화했지만 받지 않았다. 궁금했다. 그러던 중 그 청년의 친구를 만나서 우리 집에 꼭 들러달라고 전해 달라고 부탁했다.

그날 밤에는 우리 집에 드나들던 낯익은 얼굴들이 많이 나타났다. 그들을 보고 미범이가 부엌에서 말했다.

"우리가 죽은 줄 알고 사람들이 조문 오나 봐."

"그래, 정말 이 세상 사람이 아닐 뻔했어. 우리가 죽었더라면 영혼이 되어 이곳에서 일어나는 일들을 보고 있었을 거야."

나는 밀가루 묻은 미범의 손을 잡으며 꿈 이야기를 했다. 그 꿈으로 봐서 우리는 잘 살아야 한다는 이야기도 했다. 그러면서 우리는 우동을 끓였다. 그런데 자꾸만 그곳에 두고 온 차와 청년이 마음에 걸렸다. 그래서 청년의 친구에게 다시 가게에 들러 달란다고 전해 달라고 부탁했다.

청년은 밤중에야 친구와 함께 삐거덕거리는 문을 열고 나타났다. 우리는 저승 문 앞에까지 함께 갔다 온 사람이라며 반갑게 맞았다. 하지만 청년의 얼굴엔 긴장감이 감돌고 있었다. 우리가 메뉴에 없는 특식으로 삼겹살을 차려놓자, 청년이 약간 수줍은 표정으로 말했다.

"아줌마들, 몸은 어떠세요? 저는 정말 걱정이 많이 됐어요. 차가 그 정도 망가졌는데 아주머니들 몸을 다치지 않았으니, 다행이에요. 걱정되었어요."

"우리 걱정이 문제예요? 우리는 댁을 부서진 차와 함께 거기 놔두고 와서 얼마나 마음에 걸렸는지 몰라요. 차 고치는 데 돈이 많이 들면 우리가 반을 대겠어요."

그때야 청년은 긴장감을 풀며 말했다.

"아줌마, 나는 우동집 아줌마들이 마음씨 좋은 분들이라는 건 알고 있었지만 정말 이 정도일 줄은 몰랐어요. 제가 운전을 했잖아요. 제가 사고를 냈으니, 제가 책임을 져야 할 것 같았어요."

그러니까 청년은 사고를 낸 후 걱정이 대단했다는 것이었다. 그래서 핸드폰도 받지 않은 것이었다. 그는 혹시 사고 후 유증 같은 것으로 뭔가 큰 책임을 져야 할 일이 생긴 게 아닐까, 걱정이 됐던 것이었다. 나는 부서진 차와 함께 그곳에 두고 온 청년을 안쓰러워한 내 마음이 그렇게 전달된 것을 쓸쓸하게 느끼며 그를 안심시켰다.

"아줌마, 차가 붕 떠서 떨어질 때까지 아줌마가 하느님 잘못했어요, 라고 몇 번 말했는지 아세요? 일곱 번을 했어요. 일곱 번을 하고 나니 차가 멈추었어요. 이제 우리는 죽었구나, 하고 생각하면서 아줌마가 잘못했다고 하는 말을 세었어요. 그 말이 얼마나 가슴에 와닿았는지 알아요?"

"정말 그랬어요? 나는 딱 한 번 한 줄 알았어요. 차가 조금 흔들릴 때 한 번 했어요. 차가 약간 비틀거리는 느낌만 받았거든요. 그렇게 차가 망가질 정도로 큰 사고라는 생각이 들지 않았어요."

나는 이 일을 겪으면서 내가 제일 양심에 거리끼는 게 무엇일지 생각해 보았다. 우리 집 우동은 즉석우동이다. 반죽한 면을 즉석에서 빼서 삶는 게 원칙이다. 그런데 나는 항상 그렇게 하지 못했다. 가끔 너무 많이 삶아서 남은 것을 버리거나, 혹은 뜨거운 국물에 데쳐 사람들에게 주곤 했다. 그래도 사람들은 쫄깃하지 않은 그 물렁물렁한 면을 아무 말 하지 않고 먹었다.

그러다 보니 버릇이 되어 가끔 불은면을 내어갔다. 특히 술 취한 사람들에게는 대충 주었다. 아깝지만 버려야 할 면을 손님들에게 줬다는 것은 내가 나를 속이는 짓이었다. 나는 술 취한 사람이라든가 성격이 꼼꼼해서 잘못된 부분을 지적해 주는 사람들의 흉을 보기도 했다. 마음에 안 드는 손님은 다시 오지 않았으면 좋겠다는 생각도 했다.

그런 것들을 하나하나 떠올리다 보니 갑자기 내가 불쌍해졌다. 가슴속의 파도가 부른다는 이유 하나로 밤중에 갑작스러운 외출을 했다가 동해를 눈앞에 두고 돌아와야 했던 미범과 내가 너무 측은하다는 생각이 들었다.

그날, 총각은 가지고 온 작은 액자를 내밀었다. 액자 안에는 나비 두 마리가 날아갈 듯이 수놓아져 있었다. 나비 아래에는 금방 향기가 풍겨올 듯한 들꽃이 피어 있었다.

"아줌마, 사실은 이 액자를 나를 떠나간 여자에게 주려고 마련했어요. 그런데 그 여자가 이 액자를 본 척도 안 하고 떠났어요. 동해에 가면 그녀의 모든 기억과 사랑을 놓고 오려고 했는데 못 했어요. 이곳에다 이 액자를 놓고 싶어요. 그 여자의 미련을 이곳에 떨치고 싶어요."

그날 이후, 그 액자는 우리 집에 남아 그때의 추억을 우리에게 불러오곤 한다. 나는 우리 집이 그 청년에게 아픈 기억을 지운 장소로 남아 있기를 바란다. 그 후 청년의 모습을 한 번도 볼 수 없었다. 미범과 나는 가끔 저승과 이승에 관한 얘기가 나오면 그때의 여행을 떠올렸다. 우리는 그 위험한 외출을 영원히 가슴에서 지울 수 없을 것이다. 그 여행을 통하여 미범과 나는 우리의 바다는 느티나무가 있는 공원에 있다는 사실을 깨달았다.

| 스물세 가락 |

우동집에 가지 마시오

뜻하지 않게 많은 사람을 만나며 살게 된 요즘이다 보니, 내 마음은 늘 고요한 공간을 그리워한다. 하지만 단 하루도 멀리 떠날 수 없는 게 현실이다. 그런 나에게 공원의 낡은 벤치 모서리는 참으로 소중한 자리이다.

그곳은 나만을 위한 곳이요, 내가 가고 싶은 환상의 섬이다. 공원에는 전등불이 들어오지 않기 때문에, 밤이면 그곳은 더더욱 나만을 위한 섬이 되어준다. 느티나무 숲이 우거져 있어서 그 속에 몸을 감추면 아무도 알지 못한다.

그곳에 앉아 나는 어린 시절과 돌아가신 어머니와 서울에 계신 아버지를 생각한다. 나는 아버지에게 우동집 이야기를 하지 않았다. 우리 가정에 일어난 엄청난 변화를 알리고 싶지 않은 단 한 명의 사람이 바로 우리 아버지이다.

그림을 그리시던 우리 아버지, 내 초상화를 그려주고 더 예쁘게 그리지 못해서 미안하다 했던 나의 아버지를 생각하면서, 나도 어머니로서 내 자식들이 앞으로 그려갈 그림을 떠올려보곤 한다.

아버지는 일본에서 태어나셨다. 그곳에서 한의사인 할아

버지 덕분에 부유한 생활을 할 수 있었으며, 명문대학을 다녔다. 그리고 화가로 이름을 날릴 즈음 8·15 광복을 맞았다. 당시 아버지는 집을 나와 살고 있었으며, 할아버지는 한국으로 나왔고, 큰집은 그냥 일본에 남게 되었다.

해방되기 전, 어느 비 오는 날 밤의 일이었다. 일본인 친구 집에 갔다가 귀가하던 중 비를 피해 움막으로 들어간 아버지는 어두컴컴한 그 안에서 한 여자를 보았다. 아버지는 귀신이 아닐까 하고 겁에 질려서 비를 맞으며 도망치다가 살려달라는 여인의 목소리를 듣고 파출소로 달려가 신고했다.

경찰과 함께 움막으로 다시 가보니 머리를 풀어 헤친 한 여인이 기력이 다 빠진 채 간신히 입을 움직여 물을 달라고 했다. 아버지는 손수건으로 빗물을 받아 여인의 입에 넣어주었다.

경찰은 여인을 병원에 입원시킨 뒤 신분을 조회하여 그 여자가 명문 귀족 가문의 딸임을 알아냈다. 여인의 아버지가 다른 귀족 가문의 아들에게 억지로 시집을 보내려 하자 죽으려고 했던 것이었다.

여자의 아버지는 죽으려고까지 한 딸의 뜻을 받아들였으며, 그녀를 구해낸 우리 아버지를 생명의 은인으로 여겼다. 그리고 그 여인은 우리 아버지에게 사랑을 느꼈고, 우리 아버지 또한 우연히 비를 피하다 만나게 된 여인과 사랑에 빠지게 되었다.

하지만 할아버지는 일본 여자와는 절대로 결혼할 수 없다고 완강하게 반대했다. 할아버지는 일본 여인과 사랑에 빠진 아버지를 외면하고 한국으로 나와버렸다. 그 후, 아버지는 할아버지를 찾아 한국에 나왔으며 결국 그 일본 여인을 만나지 못하게 되고 말았다. 아버지는 첫사랑의 여인을 가슴에 묻고 살아야 했다.

아버지는 한 번도 스스로 이 이야기를 한 적이 없었다. 어머니가 일본 친구에게서 들은 이야기였다.

아버지는 그림을 그려서 우리 가족을 먹여 살렸다. 아버지는 우리에게 필요한 것은 다 사주었으며, 단 한 번도 욕하지 않았고 단 한 번도 매를 대지 않았다.

지금 이렇게 우동집을 빠져나와 느티나무로 우산을 쓰고 하늘을 바라보는 내 모습을, 나는 아버지에게 보여주고 싶지 않다.

예술가인 아버지의 가슴에는 항상 비가 내렸다. 비가 오는 날 술을 드시고 주정하는 소리는 이 말 하나뿐이었다.

"너희들이 인생을 알아?"

아버지는 가끔 일본어를 가르쳐주었다. 아버지는 겉으로 표현하지 않았지만, 일본을 향한 그리움이 가슴에 가득 차 있었다. 그곳의 친구들과 두고 온 여인이 그리웠을 것이다. 아버지는 일본에 남겨진 큰집도 그리워했으며, 소식을 전할 수 없는 이산가족으로 살아왔다. 나는 내가 우동을 만들어 팔면서 열심히 살고 있다고 말할 수 없다.

공원 벤치에 한참 앉아 있다가 가게로 사람들이 몰려 들어가면 나도 일어나 그곳으로 돌아간다. 나는 느티나무 아래 벤치에서는 생각을 이어가고, 가게에서는 부지런히 육신을 움직인다. 또한 느티나무 아래에서는 단 한마디도 하지 않고, 가게에서는 무수히 많은 말을 한다. 이 두 가지 상반된 시공간을 함께 소유하고 있는 것이 지금 나의 삶이다.

가게에서 부지런히 움직이다 보면 가끔 세상만사가 다 싫을 만큼 피곤해진다. 지친 나는 어쩔 수 없이 아무 데나 얼굴을 묻고 잠에 빠져든다. 사람들이 앞에서 우동을 먹고 있어도 검은 의자 위에 엎드려 잠에 빠져드는 것이다.

잠이 들어도 손님이 들어오고 나가는 것을 알 수 있다. 꿈속에서도 나는 우동을 끓인다. 내 생의 모든 것이 우동과 연결되어 있다.

한 번은 그렇게 곤하게 자고 있는데 한 남자가 들어왔다. 그 남자가 들어오는 것을 느끼며 나는 잠에서 깼다. 그런데 그 남자가 나를 보고 혀를 끌끌 찬 뒤에 주방에서 우동을 끓이는 미범에게 이렇게 말하는 것이었다.

"아휴 먹고사는 것이 지옥이에요. 건강 생각을 해야지요. 이렇게 고생하고 사는 것을 자식들이 알아줄 거 같아요? 나중에 후회할지 몰라요. 자식도 열여덟 살만 되면 떠나요. 이곳 우동집 아줌마 너무 고생하는 것 같아요."

그의 말을 반박하고 싶었지만, 그럴 힘이 없었다. 나는 내가 좋아서 하는 일이라 말하고 싶었다. 나를 안쓰럽게 본다는 것이 싫었다. 이미 죽어 없어졌다고 생각한 내 안의 내가 그렇게 살아 있었다.

나는 더 잠을 이어갔다. 그리고 한참 잠을 잔 뒤 깨어나 보니 그 남자가 앉았던 식탁 위에 다음과 같은 쪽지 글이 있었다.

우동집에 가지 마시오

각기우동 집에 오면 안 된다
아주머니가 피곤하시다
피곤하신 아주머니를
더 피곤하게 해서는 안 된다
네가 피곤할 때 나한테
우동을 말아주지 않을 터

이 글을 보며 나는 기분이 참 좋았다. 가게에 오지 말자는 그의 말에서 나를 향한 배려와 애정을 느꼈기 때문이다. 느티나무 아래에서 생각한 우리 아버지의 따스한 입맞춤 같은 사랑을……. 만약 우리 아버지가 우동 가게를 알게 된다면, 우동을 먹으러 가지 말라고 사람들을 말릴지도 모르겠다. 나를 힘들게 하지 못하도록 말이다.

| 스물네 가락 |

김치 냄새가 나더라도

 바람이 불고 비가 오는 날, 늦가을 바람을 타고 중년 여자가 왔다. 머플러를 두르고 바바리코트를 입은 그녀는 한편으로는 힘차 보이면서도 한편으로는 힘이 빠진 듯이 보이는 묘한 인상을 풍겼다.
 그녀가 내게 말했다.
 "여기, 유안진의 시 있어요? 지란지교를 꿈꾸며……."
 "아니요. 그 시 같은 수필, 아마 이렇게 나가지요? ……저녁을 먹고 나면 허물없이 찾아가 차 한 잔을 마시고 싶다고 말할 수 있는 친구가 있었으면 좋겠다. 입은 옷을 갈아입지 않고 김치 냄새가 좀 나더라도 흉보지 않을 친구가 우리 집 가까이에 있었으면 좋겠다……."
 "맞아요. 그 시 좀 베껴주세요. 그 시를 내가 얼마나 좋아하는지 몰라요."
 그러면서 몇 마디 얘기 끝에 사십 대는 초반과 중반과 후반이 제각각 다르다고 말했다. 내가 보기에 그녀는 언뜻 오십으로 보였으나 표정은 오십 대 후반의 모습으로 치닫고 있었다. 그 나이의 허전한 바람을 안고 우리 집을 찾아온 듯했지만, 여자는 그다지 많은 말을 하지 않았다.

그 후 그녀는 가끔 신수가 좋아 보이는 친구들과 우리 집을 찾곤 했다. 화려하고 우아하고 멋있게 차려입은 사람들이었다. 하지만 그런 풍족한 모습 속에 배어 있는 허무한 바람을 나는 읽을 수 있었다. 중년 나이의 여자들에게서 자주 볼 수 있는 것이었다.

요즘은 많이 달라졌지만, 우리나라 여성들은 대체로 가정에 충실하면서 자신을 잊어버린 채 삼사십 대를 보내게 된다. 그러다가 생활이 안정되고 아이들이 제법 자란 오십 대에 들어서면, 문득 자신을 돌아보면서 갑자기 허무와 소외감을 느끼게 된다. 이런 사정은 풍족하게 살거나 가난하게 살거나 마찬가지인 듯하다. 그래서 그 허무와 소외에서 벗어나 보려고 잊고 있었던 자기 옷을 찾아 입고 화장을 하고 외출하는 것이다.

한때는 무척이나 미인이었을 것 같은 여자는 이런 글을 써놓고 바람처럼 사라졌다.

> 미인은 무소유요
> 사랑은 무죄다.
> 얼굴의 사랑은 일시적이며
> 금전의 사랑은 순간적이고
> 마음의 사랑은 영원한 것이다.

이 글이 붙여진 지 얼마 안 되어 같은 또래인 오십 대 중반의 교수가 왔다. 그는 여자가 써놓은 글을 보더니 바로 옆에

다 이런 답글을 써 붙였다.

> 여보
> 나는 지금 매우 행복합니다.
> 나를 불행으로 이끌지 마세요.
> 나는 무소유가 얼마나 행복한지 알고 있어요.
> 입는 것 먹는 것 사는 것 이렇게 편할 수가 없어요.

그가 내게 말했다.
"아줌마, 요 글의 주인이 오거든 내가 답글을 썼다고 꼭 전해줘요. 그리고 그 사람에게 내 명함을 주세요. 나에게 전화하면 정종 한잔 산다고요."
그는 명함을 식탁 위에 올려놨다. 나는 나란히 붙은 두 글을 읽어본 뒤 그 명함을 챙겨놓았다. 앞머리가 조금 벗어진 교수는 너그럽게 웃으며 돌냄비 우동을 먹었다.

그 여자는 한 계절이 지난 후에 왔다. 보라색 실크 원피스에 우아한 카디건을 걸치고, 갈색 부츠를 신었다. 그녀는 정종 한 잔과 찬 메밀국수를 시켰다.
내가 유안진의 「지란지교를 꿈꾸며」란 글을 복사해 주자 그녀는 자신의 말을 잊지 않고 기억해 줘서 고맙다고 했다. 나는 나도 좋아하는 내용이라고 말한 뒤에, 홀로 온 중년 여인의 외출을 장식해 주기 위하여 그 교수의 명함을 전해주었다.
여자는 답글과 명함을 보며 삭은 소리를 내어 웃었나. 그리고 장난스러운 방식으로 전화했다. 하지만 그 교수가 강의 시간이라서 조금 있다가 다시 하라는 말만 들을 수 있었다.

    무릇 인생이 그런 것이고, 모든 외출이 그런 것이 아니겠는가. 원하면 없고, 있으면 원하지 않게 되고.

| 스물다섯 가락 |

꽃 필래 방

부엌에 작은 공간이 생겼다. 한쪽에 마루를 놓고 그곳에 책장을 놓아 우동집 아줌마만의 공간을 마련했다. 머리를 눕히고 쉴 만한 공간이 주어진 것이다. 쉬고 싶을 때 고개를 틀어박고 잘 수 있는 공간이 얼마나 필요했던가. 식탁에 고개를 숙이고 자거나 부엌에 신문지를 깔고 눕는 모습이 제일 안쓰럽다고 친구들이 말했다.

다락방 같기도 하고 마루 같기도 한 이 방을 우리는 '꽃 필래 방'이라고 부르기로 했다. 방이 생기니 중년의 여자들이 모여들기 시작했다. 남자들은 절대로 들어와 앉을 수 없는 금남의 방이었다. 우리 중년의 서글픈 마음을 조금은 녹여 줄 수 있는 방이 되었다. 벽에는 글을 붙이기 시작했는데, 시인인 언니가 이런 글을 써 붙였다.

선비는 자기를 알아주는 사람을 위하여 목숨을 바친다.

그런데 그 언니에게서 누군가를 그리워하고 있다는 얘기를 듣게 될 줄은 꿈에두 몰랐다. 여자 나이 쉬이면 이성에 대한 감정은 다 접고 사는 게 아닌가, 하고 나는 막연히 생각해

왔는데 그게 아니었다. 중년이기에 사랑에 대한 감성이 깊어지는 게 아닌가, 하고 생각하게 되었다.

중학교 국어 교사인 언니는 갈색으로 물들인 머리에 어린애 같은 웃음을 웃고 다녔지만, 가슴에 찬바람이 불기 시작했다고 말했다. 하지만 처음에는 언니의 가슴에 불고 있는 그 바람이 무엇인지 나는 알지 못했다. 그냥 갱년기를 맞은 여인의 내면에 대해서 하는 말이겠거니 생각했다. 시인이니 다소 시적으로 표현한 것으로 말이다. 그런데 그것이 현재진행형의 사랑을 얘기한 것일 줄이야.

가끔 우리 집에 기타를 연주하는 〈지나오다〉라는 합주단이 왔다. 클래식 기타를 제법 솜씨 좋게 다루는 사람들이었다. 이 사람들은 우리 집에 기타를 갖다 놓고 언제든지 오고 싶으면 왔다. 바람처럼 와서 우동 한 그릇과 막걸리를 먹으면서 기타를 쳤다. 나는 늘 영혼을 울리는 선율에 반해서 우동을 끓이다가 멍하니 천장을 쳐다보곤 했다.

합주단 단원 중 단장과 부단장은 서로 뗄 수 없는 커플이었다. 그들이 화음을 맞추어 연주하면 한 사람이 하는 것인지 두 사람이 하는 것인지 분간할 수 없었다. 대학 시절부터 듀엣으로 기타 연주를 해온 그들은 이제 사십이 된 친구였다. 그런데 바로 그 두 사람 중 단장에게 언니가 마음을 주고 있었다.

나는 처음엔 농담인 줄 알았다. 쉰이 넘은 언니가 분위기 있는 마흔 살의 기타 연주자에 대해서 한 말이었으니 말이다. 언니가 자꾸만 그 남자 얘기를 했지만, 그래도 나는 그저 음악이 좋아서 관심을 가지는 것으로 생각했다.

"순희 씨, 나는 저 남자를 이 우동집에서만 본 게 아니야. 아주 어렸을 때부터 봤어. 우리 아버지를 닮았어. 선비처럼 보이는 그가 우리 아버지 모습 같아서 좋아."

"언니, 그럴 수 있겠네. 나도 우리 아버지를 닮은 남자가 좋아. 아버지를 좋아하는 딸은 잘 산다던데 그게 꼭 그런 건 아닌가 봐. 나는 우리 아버지를 이 세상에서 가장 존경하며 살았으니 말이야."

언니는 아버지를 닮은 그 남자가 그리운 듯 눈을 지그시 감으며 자신의 본심을 슬쩍 드러냈다.

"순희 씨, 나는 문화회관에서 연주회 할 때 그 남자를 처음 봤어. 그때 그가 얼마나 멋있었는지 숨이 탁 막혔어."

"음악이 좋으니까 그런 거겠지. 나도 그가 연주하는 선율을 들으면 숨이 막히는 것 같더라."

"아니야, 순희 씨. 그런 게 아니야. 순희 씨가 말하는 그런 감정이 아니야."

겨울방학이어서 언니는 매일 이 작은 〈꽃 필래 방〉으로 출근했다. 그리고 가끔 오는 기타 합주단이 연주하면 자리를 함께했다. 그때마다 언니는 얼굴을 붉혔다. 기타 소리와 시가 어울렸으며, 언니는 가끔 시를 읊었다. 나도 용기를 내어 앞치마를 입고 시를 기타 소리에 실어보기도 했다. 사람들은 좋아서 자리를 뜨지 못했다. 그러면서 언니는 자신의 감정을 드러내는 글을 하나씩 〈꽃 필래 방〉에 붙여 나갔다.

옷을 좀 어른스럽게 입어야 한다는 사람들의 충고에도 꼼짝 안 하는 귀여워 보이는 언니가 기타 소리에 애간장을 태우고 있었다. 언니는 옛날 사랑 이야기도 해주었다. 모두가 연하의 남자 이야기였다. 멋진 코트를 입고 온 언니가 나이 어린 남자와 가슴 저린 사랑을 했다는 말을 즐비하게 늘어놓았을 때 나는 이해가 되지 않아서 꼭 이런 질문을 해서 확인을 받아야 했다.

"언니 혼자 좋아한 게 아니라 그쪽 남자도 좋아했어?"

"그럼. 나는 머리와 몸에서 남자를 매료시키는 향이 풍기는 여자야. 그 향기가 상대방 남자를 꼼짝 못 하게 해."

"언니의 이야기는 모두 소설 감이야. 나중에 내가 소설 쓰게 되면 언니 이야기를 쓸 테니 화내지 마. 언니에게는 그게 사실이겠지만 나에게는 소설로 들려."

"그래. 내가 소설 감을 많이 제공하고 있어. 꽃 필래 방에서 꽃이 늘 피고 있으니, 우리의 이야기도 언젠가는 향기로운 꽃으로 피어나겠지. 난 빨간 장미를 좋아하니까."

"그래 언니, 우리 이곳에서 장미꽃을 피우자. 나는 이 방이 특급 호텔 방보다 더 멋있어. 예전에 특급 호텔에 가봤는데, 그 당시 오십만 원이나 했어. 지금은 훨씬 더 비싸겠지."

커피와 정종 한 잔을 놓고 언니와 나는 웃었다. 언니의 사랑 이야기가 다닥다닥 붙은 이 방은 환상의 섬이 되고 있었다. 언니와 나는 나란히 누워서 인생과 사랑과 시를 이야기했다. 하지만 고집스러운 언니는 내 이야기를 듣기보다는 기타 선율을 따라 흐르는 자신의 사랑 이야기만 했다.

> 지금 보고 싶어
> 실컷 본 것 같아
> 뒤돌아서서
> 저만큼 가면
> 또 보고 싶어

그렇게 언니의 가슴앓이는 날이 갈수록 심해졌다. 그 남자는 기타학원을 하고 있었다. 언니는 그 남자를 보러 기타학원에 나갔다. 그 남자는 누나 같은 시인을 반갑게 맞았을 것이다. 두 사람이 서로 마주 보며 커피를 마셨을 것이다. 언니는 기타를 배워야겠다고 결심하고 기타를 샀다. 그리고 원생으로 등록했으며, 날마다 기타를 배우러 학원에 갔다.

언니의 머리 볼륨이 근사하게 달라졌다. 윤기가 났으며, 희끗거리는 머리를 갈색으로 염색하기도 했다. 언니는 긴 코트를 입었다가 짧은 반바지를 입었다가 카멜레온처럼 변신했다. 또 액세서리를 날마다 다른 모양으로 바꾸어 달았다. 언니의 얼굴에 반질반질 빛이 나고 있었다. 언니는 〈꽃 필래 방〉에 오면 종일 기타학원 이야기를 했다.

> 행복해요
> 함께할 수 있다는 시간이
> 함께 미소 지음을 볼 수 있음이

함께 느낄 수 있다는 것이
함께 즐겁다는 표정을
읽을 수 있다는 것이
물 흐르듯 자연스러워
마냥 꿈꾸며 걸어요
지금 행복한 꿈길을 걸어요

   언니는 그가 보고 싶을 때면 서슴없이 만나자는 말을 했다. 사실 나도 그 남자의 목소리를 들으면 가슴이 떨려 왔다. 아담 오의 〈눈이 내리네!〉를 기타로 연주하면 기타 선율로 눈이 펑펑 쏟아지는 소리가 가슴을 울려왔지만, 감히 표현할 수 없어서, 어쩜 언니를 통해 대리 만족으로 가슴을 울리고 있었는지 모른다. 거침없이 솔직하게 자신의 마음을 표현한 순수한 언니가 부러웠다.

   우리는 한겨울에 동해로 여행을 갔다. 파도가 나를 부른다는 이유로 나는 과감하게 문우들 틈에 끼어 동해로 가게 되었다. 문우들과의 만남은 오랜 가뭄 끝에 만난 단비처럼 감미로웠다. 파도가 있는 곳에서 서로의 마음을 풀어놓고 얘기를 나누었지만, 거기서도 언니의 이야기가 주인공이었다. 언니는 환상적인 사랑 이야기를 쭉 늘어놓았다. 중년으로 접어든 문우들에게는 가슴 떨리는 이야기였다.
   파도는 거세게 우리를 밀어냈다. 밤공기 속에서 파도의 얼굴과 맞대며 친해 보려 했지만, 파도는 우리를 방 안에 가두고 말았다. 찬바람을 가리는 호텔에 앉아 우리는 파도를 바라보기만 했다. 그 자리에서는 모두가 시인이었다. 말 하나, 손짓 하나, 몸짓 하나까지, 모두가 집 떠난 여인들의 가슴에서 나온 시였다.

문우들이 언니와 그 남자가 정말로 서로 좋아하는 사이냐고 묻자, 언니는 자신이 그 남자로부터 절절한 사랑을 받는 것처럼 말했다. 우리는 사랑을 시작한 오십 대 언니를 부러워했다. 사랑의 신데렐라가 된 언니는 무척이나 행복해 보였다. 행복이란 자신이 느끼는 것이지 상대방이 제공하는 것이 아닐 테니 더더욱 언니의 행복이 부러웠다. 열 살이나 어린 남자에 대한 열정을 이해할 수 없으면서도 언니의 자신감이 부러웠다.

하지만 모든 이야기에는 끝이 있는 법이다. 언니의 사랑도 아픔으로 종결되었다.

겨울방학이 끝날 무렵 언니는 먼 곳에서 우리 집을 향해 걸어왔다. 시린 두 손을 호주머니에 넣고 내내 호두알을 만지작거리며.

언니의 열정에 불을 붙였던 기타 치는 그 어린 왕자가 화를 냈다고 했다. 화가 난 모습을 본 언니는 감당할 수 없는 슬픔을 안고 겨울 길을 걸었던 것이었다. 좋아하는 것은 각자의 자유라는 것을 알게 된 언니는 한동안 말이 없더니 이런 글을 〈꽃 필래 방〉에 붙였다.

겨울방학 사랑 이야기

언니, 언니, 무슨 일이야
그럴듯한 일이 있었지

화분 위에 가문비나무
우동 국물에 우려낸 김에
연두 속살 내밀었지

연둣빛 사랑 이야기
솔솔 피워 냈지
새론 꽃잎이 싹을 틔우고
파이란 열매 속살거렸지

흰 안개꽃 구름인 양
몽실몽실 피었지

겨울바람 손잡고
실리어간 안개구름
겨울바람 끝나고
기타 소리 그쳤지

"겨울방학이 끝났으니 이제 새로운 사랑을 시작해야지. 사랑을 향하여 꿈꾸는 문학소녀 제자들과 끔찍한 사랑을 시작하는 거야."

언니는 제자들이 좋아하는 만화 캐릭터가 그려진 옷을 입고 환하게 웃었다.

언니는 「언제나 봄꽃」이라는 제목으로 시를 써서 권위 있는 문학상을 받았다. 그 시에는 언니의 여리고 순수한 감성이 잘 드러나 있다. 그 시를 낳기 위하여 겨울방학의 사랑 이야기가 필요했던 것으로 생각해 본다. 꽃 필래 방에서 귀엽고 사랑스러운 언니랑 뜨거운 정종 한 잔을 마시면서 류근 시 〈너무 아픈 사랑은 사랑이 아니었음을〉을 기타 연주 없이 간드러지게 불러 본다.

"나는 지나가는 사람은 그냥 내버려 둘 거야. 더 좋은 사람을 만나서 더 향기롭고 아름다운 장미꽃을, 이 꽃 필래 방에서 피워 낼 거야."

언니의 해맑은 얼굴은 또 다른 사랑을 꿈꾸고 있었다.

| 스물여섯 가락 |

시인의 공원, 탄생하다

처용가

돈지갑을 잃었다
필요한 사람이 가져가겠지

마누라를 도적 맞았다
누군가
필요한 사람이 가져 나갔겠지

 이 글이 나붙자, 사람들이 화제에 올리기 시작했다. 부엌 바로 앞에 붙은 이 글에 대해서, 어떤 사람들은 감동을 주는 글이라 했고, 다른 사람들은 조강지처를 포기하는 기분 나쁜 글이라 했다. 마음을 비운 사람의 글이라며 동감을 표하는가 하면, 무능력한 남편이나 쓰는 글이라며 불쾌감을 표하기도 했다.
 이 글을 쓴 사람은 막걸리를 좋아하는 김산해 시인이다. 머리가 희끗희끗한 김산해 시인은 우리 집에 오면 늘 볼 수 있는 기타 치는 아저씨로 통했다. 김산해 시인은 시와 기타

와 막걸리와 어울려 살았다. 김산해 시인은 기타 합주단 회원으로 우리 집에서 기타 연습을 했다. 연주 실력이 뛰어난 건 아니지만 우동집 구석에서 흘러나오는 소리로는 적절하게 어울렸다.

청카바를 입고, 기타를 메고, 자전거를 타고 다니는 김산해 시인은 이 세상의 모든 가난함을 가진 사람 같았다. 우리 우동집을 막걸리 집으로 만들어버린 사람이 바로 그인데, 꽃샘바람이 계속 불어대던 날에도 그는 막걸리를 마시다가 이런 글을 써 붙였다.

바닷가에서

먼바다의 밧줄 같은 목숨도
사람들 가까이 와서는
하얗게 몸을 벗는다

알껍데기처럼 감싸 안는 언저리
탄생의 눈부신 날개 돋칠 때
모두 내주고 산산이 부서지는 자리

세상의 모든 가장자리는 아름답다
세상의 모든 둘레는 아름답다

내 사랑

그 눈빛이 거기 있었네

 김산해 시인은 술을 마시고 또 마셨다. 우리 집에서 마시다가 다른 집에 가서 마시다가 다시 우리 집에 와서 마셨다. 그리고 어디론가 전화를 했다. 상대방이 여자였다. 그리워서 만나고 싶다는 말을 계속했다. 상대는 응해주지 않았다. 김산해 시인의 입가에 하얀 거품이 부글거렸다.
 부엌에서 미범이가 설거지하면서 말했다.
 "저렇게 방황하면 마누라가 어떻게 살까? 나 같으면 도망가겠어. 전화하는 걸 듣자 하니 다른 여자에게 마음을 다 뺏긴 거야. 아휴 저 사람은 정말 연구 대상이야."
 "맞아, 본인은 아름다운 사랑이라고 하겠지만 우리가 보기엔 짝사랑하는 거야. 저 집 마누라 속이 썩겠어. 하지만 시인이 하는 사랑이니 현실적인 게 아닐 거야. 분명 이루어질 수 없는 사랑이겠지. 그 사랑에 목을 매는 사랑."
 미범이가 소녀처럼 웃으며 말했다.
 "은미 엄마. 나는 우리 리영이가 시인이나 화가 같은 예술가에게 시집가려 하면 도시락 싸서 다니며 말릴 거야."
 "그래, 나도 소녀 때는 시인과 결혼하고 싶었어. 시인의 아내로 살면 행복할 것 같았으니까. 한데 아니야. 시인의 아내로 살았더라면 분명 후회했을 거야."
 자신의 호를 '거리의 거지'라 지어놓고, 거지이기를 바라는 김산해 시인은 그날 술이 잔뜩 취해서 밖으로 나갔다. 그는 하늘을 향해 두 손을 든 채 "어허, 어허, 어허" 알 수 없는 소리를 내며 하늘과 이야기를 했다.

꽃샘바람이 매섭게 불었다. 인사불성이 되도록 취한 그의 모습이 약간 불안해 보였다. 나는 그가 빨리 집으로 가기를 빌면서 그에 대한 걱정을 접고 싶었다. 집으로 전화를 해줄까 생각하기도 했지만, 그의 아내가 화를 낼 것 같아서 그가 빨리 집으로 돌아가기를 바랐다.

가게를 끝낸 뒤 마침 친정 동생의 차를 타고 퇴근하는데 동생이 건널목에서 김산해 시인을 발견했다. 동생은 김산해 시인은 진짜 시인이라고, 김산해 시인에게 막걸리를 꼭 대접하고 싶다고 말했었다.

"누나, 저기 그 시인이야. 그 시인이 쓰러졌어. 빨리 내려봐. 누나가 연락을 해 줘."

"무슨 소리를 하는 거야. 이 밤중에 남자와 여자가 같이 있으면 얼마나 오해를 받는다고 그래."

나는 차에서 내리지 않았다.

"누나, 저 김산해 시인, 저러다가 죽어. 저렇게 누워 있으면 추워서 얼어 죽는다고."

동생은 자꾸 나보고 내리라고 했지만, 나는 김산해 시인과 길거리에 같이 서 있고 싶지 않아서 끝까지 고집을 부렸다.

집에 돌아와서 동생이 말했다. 그는 화가 많이 나 있었다.

"누나 왜 그래? 그 시인, 누나 집에 왔던 사람이야. 그 사람과 함께 있어도 아무도 의심하지 않아. 누나 같은 사람이 글을 써? 글을 써서 어니나 써먹어? 얼어 죽을지도 모르는 사람을 그냥 놔두는 사람이."

　나는 슬그머니 걱정되었다. 일을 하면서 한 번도 입을 수 없었던 모피 코트를 꺼내어 입고 밖으로 나갔다. 앙상한 검은 목련 가지가 추위에 떨고 있었다. 나는 그 마른 몸 안에 흐르는 봄의 피와 머지않아 피어날 백목련을 생각했다.

　바람이 많이 불었다. 김산해 시인이 쓰러져 있던 건널목으로 갔다. 그런데 그곳에 그는 없었다. 나는 내가 구해주어야 할 그가 보이지 않아서 걱정과 함께 서운함을 느꼈다.

　나중에 들은 이야기인데, 김산해 시인이 눈을 뜨니 파출소 안에 있었다고 한다. 보호실에서 하룻밤을 보낸 것이었다. 작은 창 사이로 햇살이 배어들고 있었다. 김산해 시인은 자신이 어떻게 해서 그곳에 오게 되었는지 기억하지 못했는데, 사실은 간밤에 내가 김산해 시인이 걱정되어 찾아 나선 사이에 동생이 먼저 119에 전화해서 조처한 것이었다.

　김산해 시인의 방황은 끝이 없었다. 방황하면서도 이런 시를 써서 우리 가게 벽에 붙였다.

지나가다

　대숲에 휘날리는 눈발
　검은 머리도 흰머리도 지나가다
　꽃잎도 낙엽도 언덕도 벌판도
　달밤도 별밤도 지나가다

모두 지나가는 것들이
처음부터 다시 지나가다

대숲에 몰아치는 눈보라
혜숙이도 금자도 지나가다

모든 현상 있는 것들이
현상 없는 것들이

태어난 것들이 죽은 것들이
처음이 되어 또다시 지나가다

김산해 시인이 사랑에 빠진 여자는 둥근 얼굴에 맑고 큰 눈을 가진 시인이었다. 화장을 하지 않고 버선을 신고 다니며 동요를 곧잘 부르는 순박한 여자였다. 여자 시인은 김산해 시인을 동료 친한 시인으로 여긴 것 같았다. 김산해 시는 그녀를 향한 사랑에 가슴이 불타는듯했다. 이루어질 수 없는 사랑을 꿈꾸는 김산해 시인은 늘 공원 앞 느티나무 아래 서거나 앉아서 기타를 치곤 했다. 그가 〈그 사람 이름은 잊었지만〉이라는 노래를 부르면 사람들이 모여들곤 했다. 미범이가 일을 하다가 그 모습을 보고 '거리의 악사'라는 이름을 지어주었다. 거리의 악사는 날마다 우리 가게 구석에서도 기타를 쳤다.

나는 언제부터인가 그런 김산해 시인과 함께 공원을 바라보며 이야기를 나누곤 했는데, 어느 날 낙엽이 뒹구는 늦가을의 공원을 그냥 내버려 두기에는 너무 아깝다는 생각이 들었다. 그래서 김산해 시인이 몸담은 푸른 시낭송회에 몇 번 참석한 끝에 이런 제안을 해보았다.

"시낭송회를 시인들만 모여서 하지 말고 일반인들도 들을 수 있게 저 공원에서 좀 해봐요. 우리 집에 오는 손님들이 저 공원에서 시낭송회를 좀 하라는 당부가 많은데. 시를 꼭 시인의 가슴에만 담고 다녀야 하나요? 가슴에 핀 꽃을 끄집어내어 다른 사람들에게 나누어주어야죠."

그랬더니 김산해 시인은 너무나 크게 반색했다.

"아, 그래 맞아요. 그거 정말 멋있겠어요. 우리 저곳에서 시낭송회를 한 번 해봐야겠어요."

사실 평소에 그런 생각은 하지 못했다. 낡은 벤치에 가로등 하나 없는 공원은 어둠과 고독이 가득한 곳이어서 저마다 홀로 외로움을 달래는 공간이었을 뿐, 그곳에서 행사한다는 건 상상할 수 없는 일이었다. 하지만 그렇게 발상을 바꾸고 보니 상황은 완벽히 달라졌다. 분위기 좋은 장소를 찾아다니며 시낭송회를 가졌던 시인들의 마음이 이 공원으로 달려와서 마침내 초여름에 시낭송회가 열린 것이었다.

전깃불을 우리 집에서 끌어다가 어둠을 몰아내며 시 낭송을 했다. 단양, 대전, 괴산에서 달려온 시인들이 느티나무가 우거진 곳에서 시를 읊자 지나가던 사람들이 하나둘 몰려들었다. 술집과 음식점으로 빽빽이 들어찬 이곳의 가슴에서 흘러나온 노래가 스며들었다. 좋아서 몸을 흔드는 나뭇잎들과 함께 초여름 밤이 풍요롭게 익어갔다.

모임을 회장을 맡은 양채영 시인에게 이곳을 '시인의 광장'으로 하는 게 어떻겠느냐고 김산해 시인이 제안했는데, 양채영 시인은 시 낭송을 하기 전에 〈시인의 공원〉으로 선포했다. 그렇게 해서 이름 없는 공원이 멋진 이름을 갖게 되었다. 그것을 계기로 인터넷에 가로등을 밝혀 달라는 소상공인의 글이 오르면서 시청에서 조명은 물론이고 작은 무대까지 만들어주었다.

〈시인의 공원〉은 어느 한 사람이 만든 공간이 아니다. 누구에게나 열려 있는 느티나무가 만들어낸 것이라고 말하는 게 좋을 것 같다. 사실 내가 김산해 시인에게 던진 말도 내가 한 말이 아니라, 우리 집에 드나들던 많은 사람이 했던 말이었다.

"저 공원에서 시 낭송 좀 해요. 시인들이 자신들만 시인으로 살면 뭐 해요. 여러 사람이 나눠 가질 수 있는 시인이어야 되지 않아요?"

아마도 느티나무가 사람들의 이런 말을 알아듣고 시인들의 가슴을 향해 끝없이 속삭인 결과일 것이다. 그러니 저 공원에서 무수히 싸움했던 시인들의 몸짓도, 다 시인의 공원으로 함께 태어나기 위한 과정이었는지도 모를 일이다.

공원에 불을 밝히고 시 낭송을 하면, 서러운 삶의 이야기를 가슴에 담고 사는 사람들이 몰려왔다. 여고 시절 문학소녀였던 아줌마가 한쪽 구석에 조심스레 서 있다가 훌쩍거렸고, 앞치마를 두른 음식점 아줌마들이 시에 귀를 기울였으며, 자장면 배달하던 청년도 멈추어 서서 들었고, 경찰서장도 시장도 시를 가슴에 새겼다.

시는 모두에게 평등하다. 느티나무 잎은 흐뭇한 표정으로 서로의 가슴을 보듬어준다. 그 아래 나는 서 있다. 느티나무가 기뻐함을, 나는 나뭇잎의 살랑거림을 보면서 느낄 수 있다. 이렇게 우리의 삶은 흘러가는 것이리라.
김산해 시인은 날마다 거의 빠지지 않고, 시인의 공원 느티나무 아래서 기타를 치며 노래를 부른다.
연수동 888번지에 시인의 공원이 꿈처럼 아름답게 탄생했다.

| 스물일곱 가락 |

별 발자국을 따라가는 여자

창백한 얼굴의 여자가 아이 셋을 데리고 삐거덕거리는 문을 밀고 들어왔다. 남자아이 둘은 유모차에 타고 있었고, 유치원생 여자아이는 책을 들고 있었다.

"아줌마, 우리가 들어와도 되는 곳이에요?"

"그럼요. 그런데 아줌마를 어디서 본 듯해요."

삼십 대 중반의 여자는 나를 찬찬히 들여다보며 물었다.

"글쎄요, 어디서요?"

그리고 보니 알 것 같았다.

"혹시 우리 아파트에 우유 배달하시지 않아요?"

"맞아요, 아줌마. 내가 잠에서 덜 깨서 우유 배달할 때 아줌마가 늘 가방을 메고 아파트로 들어왔어요."

나는 파김치가 되어 집에 가는 길에 늘 하늘을 쳐다보곤 했다. 그렇게 별들을 보며 목련 나무가 있는 아파트 뜰을 지나면서 청소부를 만났고, 우유와 신문을 배달하는 사람을 만났고, 술집 아가씨들을 만났다. 일을 마치고 들어가는 사람과 일을 시작하는 사람이 교차하는 시각이었다.

나는 그때에 바로 옆에 있는 고급 아파트의 넓은 평수에 살았던 우리 옛집을 생각하곤 했다. 고개만 들면 내가 잠들었던 옛날의 그 침실을 만날 수 있었다. 7년 동안, 비단 이불을 덮고 내가 좋아한 장미가 수놓아진 잠옷을 입고 깊게 잠들었던 그 공간을. 이렇게 우동과 몸을 부딪치며 살게 되리라고는 상상도 하지 못했던 그 시절을.

내가 그곳에 살 때는 이쪽 서민 아파트에서 싸움 소리가 많이 났다. 나는 그 소리가 그들이 살아 있음을 알리는 것이라고는 생각하지 못했었다. 그저 싸움 소리 때문에 잠에서 깨게 된다고 불만을 가졌을 뿐이었다. 나의 삶을, 이쪽 사람들과는 별개의 것으로 생각했다. 하지만 가끔 이곳 사람들의 삶을 내가 도적질해서 살고 있지 않나 하는 가책이 들기도 했었다. 그리고 보면 결국 내가 이렇게 낮아지게 되리라는 것을 무의식중에 예감했던 것인지도 모르겠다. 이제야 생각해 보는 것이지만, K아파트 107동 1003호 그집 불빛과 지금 내가 사는 서민 임대 아파트는 무엇이 다른 것일까? 근본적으로는 아무것도 다를 게 없다. 내가 이곳에 살든 저곳에 살든 달라지는 것은 아무것도 없다. 그곳을 잃었기 때문에 그곳을 그리워할 뿐이다. 먼 훗날 이곳을 잃으면 나는 또 이곳을 그리워하게 될 것이다. 공교롭게도 양쪽 아파트가 같은 풍경을 접하고 있어서, 나는 이승과 저승의 모습도 이렇게 똑같지 않을까 하고 생각하기도 했다.

여자가 말했다.
"아줌마, 나는 아줌마가 이런 일을 하는 사람인 줄은 정말 몰랐어요. 새벽에 들어와서 독실한 교회 신자인 줄 알았어요. 날마다 새벽 예배를 마치고 오는 줄 알았어요. 옷차림이며 큰 가방, 머리 모양이 그랬어요."

"다행이네요. 나는 내가 새벽에 퇴근해서 사람들이 나를 오해할까 봐 걱정했어요. 처음에는 경비 아저씨가 오해할까 봐 앞치마를 입은 채 퇴근했다가 제 친구에게 야단맞기도 했어요. 요즈음 세상이 어떤 세상인데 누가 오해를 하느냐고요."

여자는 가는 눈썹을 움직이며 말했다.

"아줌마, 사실 난 아줌마를 좀 경계했어요. 나에게 교회 다니자고 할까 봐서요. 하지만 어려운 일이 있을 때는 아줌마를 붙잡고 싶었어요. 인생 선배로서 내 이야기를 잘 이해해 주리라는 생각이 들어서요."

여자는 아이들에게 우동과 김밥을 시켜주었다. 그러고는 자기 신랑이 써 붙인 글을 찾아냈다.

인연 길

옷깃만 스쳐도 인연인데
이렇게 함께 앉아 술 한 잔
나누는 사이는 얼마나 깊은 인연일까
이 세상에 팔자, 운명 있다고 해도
그것은 자기 자신이 만들어가는 것이다
혹 사주나, 점을 보는 사람은 안 된다
자기 인생은 자기가 만들어가는 것이다
앞에 앉아 술을 마시는 사람 마음도 모르고

내 마음도 내가 모르는데
별 발자국만 따라가는 인연으로
살아가면 되는 것 아닌가

"우리 신랑이 글을 잘 써요. 나도 문학소녀였고요. 난 그냥 가락국수를 먹으러 들어온 게 아니었어요. 이 가게에 음식 외에 다른 뭔가가 있을 것 같았어요."

"산다는 것은 우연이 아니라 모두가 필연인가 봐요. 우리는 새벽에 서로 만난 얼굴이었잖아요. 우리 집에 남편의 글이 있고 새댁이 문학소녀였다니 재미있네요."

"맞아요, 아줌마. 나는 아이들이 셋이지만 늘 글을 쓰고 싶어요. 남편이 직장 다니면서 야간대학을 다녀요. 생활비와 학비 때문에 우리는 힘들어요. 시부모님도 모시고 있거든요."

나는 언젠가 그녀의 남편이 우리 집에 와서 했던 이야기를 떠올릴 수 있었다. 그는 아내가 힘들어하는 것을 알고 고민하고 있었다. 밤늦게 찾아왔던 그 남자는 공부를 못해 한이 되어 늦게 공부를 시작했지만, 현실적으로 너무 힘들어 중단하고 싶다는 이야기를 나에게 했다.

그는 혼자 앉아서 우동 한 그릇을 먹으며 말했다. 일 년을 휴학하고 집을 떠나 먼 곳에 가서 돈을 벌어와 다시 공부할까, 아니면 학업을 중단하고 가족을 위해 돈을 벌까 하는 갈등이었다. 나는 그때 도와줄 수 없어서 안타까웠다. 둘 다 포기하지 말아야 할 소중한 현실이었다. 나는 힘들지만, 학업을 포기하지 말라는 이야기를 조심스럽게 했다.

그때, 남자가 부인이 우유 배달을 한다고 말하지 않았기 때문에 나는 이렇게 알뜰살뜰 가정을 지키고 있는 아내가 있다는 것을 몰랐다. 그는 그날 밤 아내와 다툰 듯한 기색이었다. 아내가 자신을 이해해 주지 않는다는 식으로 불평을 약간 했던 것 같다. 그 남자의 이야기가 마음에 걸렸는데 여자가 나타나서 숙제를 풀어준 듯 마음이 놓였다.

우리 집에 찾아왔을 때 그 남자는 무엇을 먹으러 온 게 아니었다. 그는 상담하고 싶다는 말을 먼저 던졌다. 텔레비전에서 나를 보았는데 자신의 어려운 삶의 이야기를 나누고 싶다는 생각이 들었다고 했다. 하지만 몇 번이나 우리 집 공원 앞 느티나무 아래 서 있다가 그냥 갔다는 것이었다.

여자는 그날 이후 틈만 나면 아이들 셋을 데리고 우리 집의 삐거덕거리는 문을 밀며 들어왔는데, 한 번은 하얀 종이에 붓펜으로 글을 또박 또박 써왔다.

바쁜 인연

우리에게도 패기와 객기가 있었던
20대가 있었던가요
꿈과 낭만을 찾아 시인의 공원
이상한 우동집에 왔습니다
예쁜 잔에 든 커피는 무료라서 놀랍고
우동은 곱빼기라서 배부르고

막걸리 한잔에 천 원이라서 싸고
일 인분 시켜서 아이들과 셋이 먹어도
눈치 보이지 않고
지나가다 물먹으러 들어와도
반갑다고 웃어주는 수녀님 같은 아줌마 고맙습니다

여자는 자신이 적어 온 글을 남편의 글 옆에 나란히 붙여 달라고 했다.
"아기 엄마, 우리에게도 패기와 객기가 있었던 20대가 있었던가요. 이 구절이 참 좋아요. 톡톡 튀는 마음을 잘 표현한 것 같아요."
여자는 눈을 반짝이며 말했다.
"아줌마, 나는 꼭 글을 쓸 거예요. 소설가가 되고 싶어요. 어릴 때는 연극인이 되고 싶었어요. 하지만 아이들 데리고 돈 안 들이고 할 수 있는 것이 무엇일까, 생각해 보니 글을 쓰는 일이에요. 아줌마, 나도 좀 지도해주세요. 어떻게 소설을 써야 하지요?"
"사실 나도 몰라요. 아무것도 모르고 우동 아줌마로 살아가고 있어요. 우동 아줌마로 살아가는 것이 시며 소설이라는 생각이 들기 때문에 전혀 글을 쓸 수가 없어요. 사는 것 자체가 벅차서 무어라 말할 수가 없어요. 예전에는 정말 영혼에 도움이 되는 좋은 책 한 권 쓰는 것이 소원이었어요. 화장실 가는 길에 들고 갈 수 있는 책을 꼭 쓰고 싶었지요. 그런데 그것이 꿈이더라고요. 사는 것이 더 절실한 작품이더라고요."

그렇게 말했지만, 여자가 글에 대한 열정을 토해내는 걸 듣고 있자니 내 마음에 불이 나는 것을 어쩔 수는 없었다.

"아줌마, 두고 보세요. 나는 지금 원고지 30매 정도 글을 썼어요. 아이들이 잠잘 때, 아줌마가 이곳에서 일하는 시간에 나는 글을 쓸 거예요. 그래야 우리 신랑한테 바가지도 안 긁게 되고 내가 편해져요. 그리고 만약 내가 쓴 글이 뜬다면 내가 우유 배달하지 않아도 되고 우리 신랑이 돈 걱정 안 하고 학교 다녀도 되겠지요."

그러면서 여자는 까르르 웃었다. 부엌에서 일하던 미범이가 젖은 손으로 손수 커피를 타서 여자에게 주며 말했다.

"아휴, 또 유명인이 한 사람 탄생했네. 이 집에 오면 모두가 조금은 이상해져. 나는 출근할 때마다 오늘은 이 집에 또 무슨 일이 일어날까, 어떤 사람이 올까 하는 마음으로 출근을 해."

미범이 말에 나는 손뼉을 치며 웃었다.

"그래. 우리 집은 정말 재미나는 일이 많이 일어나. 나도 처음에는 그저 우동만 끓이러 나왔는데 날마다 살아 있는 소설을 쓸 줄이야 몰랐지."

소설가가 되고 싶은, 야심에 불타는 여자가 말했다.

"정말 이 집에 들어오면 이상해져요. 잃어버렸던 어린 시절도 있고, 처녀 시절도 있고, 내가 할머니가 된 모습도 있어요. 아줌마가 이 가게 그만두게 되면 나에게 넘겨주세요."

사람들은 언젠가는 내가 늙어서 이곳을 떠나리라는 것을

안다. 내가 떠나게 되면 이곳에서 살고 싶다는 이야기를 많이 한다. 다행이다. 내가 서 있는 이 자리를 지키고 싶다는 사람이 많으니 얼마나 뿌듯한 일인가. 이런 일을 원하는 사람이 많다는 것은 따뜻한 영혼이 많다는 증거가 아닐까? 여자는 가끔 아이들과 공원 앞 느티나무 아래서 음악을 듣거나 시를 읽었다. 때로는 심각하게 때로는 톡톡 튀는 분위기의 여자를 나는 새벽이면 늘 만났다. 별 발자국을 따라다니며 우유를 넣고 사는 여자의 운동복 바지를 보았다. 그녀는 언제나 힘차게 인사를 했다. 지친 몸으로 휴식을 위해 들어가는 나와, 새벽을 열며 일을 하는 여자와의 만남은 언제까지 이어질 것인지…….

| 스물여덟 가락 |

속풀이

한동안 기원에 배달하러 다녔다. 기원은 한낮에도 조용했다. 사람들이 바둑을 두는 모습이 수도자 같기도 했다. 하지만 사람들이 이 고요 속에서 승과 패를 나누고 있다는 것이 별로 마음에 들지 않았다.

사람은 사회적 동물이라서 어느 그곳에서나 경쟁하기 마련이다. 이야기할 때조차도 결국엔 어느 한쪽이 이기게 된다. 여러 사람이 공감을 표하게 되더라도 한 사람은 진 것이다.

내가 이기고 지는 것을 싫어하는 이유는 세상에서 내가 남과 겨뤄 이길 수 있는 게 하나도 없기 때문이다. 정말이지 세상은 내 뜻대로 되어주지 않았다. 사십이 되면 뭔가 근사한 사람이 되어 있을 줄로 생각했지만, 모든 것이 착각이었다. 내일 일을 알 수 없는 게 인생인 것이다.

내가 느티나무 아래 작은 벤치를 자주 찾는 이유는 그곳에 있으면 자연의 섭리랄까, 그런 게 느껴지기 때문이다. 거기 앉아서 떠도는 바람처럼 흐르는 물처럼 살고 싶다고 생각한다. 사실, 이기는 게 좋지만 이길 수 없어서 더 좋을 수도 있는 게 인생이다. 나는 주어진 자리에서 열심히 살아갈 뿐이다. 내게 주어진 일을 열심히 하다 보면 떠도는 바람처럼 흐르는 물처럼 어떤 열매가 나에게 열릴 것이다. 나는 이 믿음을 존중하며 살아가고 있다.

기원에서 바둑을 두는 사람들이 단순히 승부를 가리기 위해 시간을 보내는 것은 아닐 것이다. 하지만 나는 바둑의 뜻을 모르기 때문에 승부를 위해 서로를 마주하고 앉아 있다는 생각이 더 들었다.

기원에 갈 때마다 키가 크고 준엄해 보이는 남자가 있었다. 그는 늘 메밀국수를 시켜 먹었는데, 나는 어떤 때는 그릇을 찾으러 다시 들르기 싫어서 다 먹을 때까지 한구석에 앉아 기다리기도 했다. 하지만 그 남자는 한 번도 나를 쳐다보지 않고 오로지 바둑판만 내려다보고 있었다.

바둑 두는 남자들이 무슨 직장을 가졌는지 궁금했다. 이렇게 대낮에 신선처럼 놀면 가족들은 무엇을 먹고살까, 하고 이상하게 생각했다. 하긴, 기원에서 바둑을 두는 사람들의 가족을 걱정한다는 것은 우동집 아줌마의 지나친 생각이었다.

기원에 있는 남자들이 가끔 우리 집에 왔는데, 그들 중에 이가 빠진 아저씨가 있었다. 그는 열심히 사는 내 모습이 아름답다고 말했다. 바둑돌만 쳐다보는 줄 알았더니 나를 기억하고 있었다. 미범과 나는 이 빠진 아저씨에게 기원에만 있지 말고 일을 열심히 해서 이를 새로 해 넣으라는 말을 했다. 그러자 남자는 구겨진 바지의 허리를 끌어올리며 당뇨가 있어서 이를 해 넣을 수 없다고 했다.

우리는 그 남자에게 '이 빠진 아저씨'라는 별명을 붙여주었다. 아저씨는 늘 우리 집에서 청주를 마셨다. 남들은 따뜻하게 데워 먹었는데 그는 차가운 정종을 마셨다. 우리는 당뇨가 있으면 술이 해롭다고 술을 주지 않으려 했지만, 그는 다섯 잔이나 마시면서 자신이 겉보기엔 이렇게 허술하게 하고 다녀도 사실은 실속 있는 사람이라고 말했다.

그는 예전에 사업을 크게 할 때도 늘 작업복 차림이었다고 했다. 그래서 외국 사람을 만나러 호텔에 가면 호텔 지배인이 이상한 사람으로 생각하여 잡으러 다녔다고 했다. 우리는 소리를 내 웃었다. 이 털털한 아저씨는 가정이 없는 줄 알았는데, 명문대학을 다니는 아들 둘과 참한 아내가 있다는 말을 듣고 안심이 되었다. 나는 그의 구겨진 남방과 낡은 바지를 보고 처음에는 술값을 조금 깎아주었으나 나중에는 다 받았다.

남자는 미범과 나에게 이런저런 털털한 말들을 많이 했다. 옷차림이 허술하고, 이는 빠졌지만, 자신은 양주집에서 술을 마신다는 이야기도 했다. 우리가 왜 그렇게 비싼 곳에서 술을 먹느냐, 그 술값을 아껴서 옷을 반듯하게 입고 다녀라, 하고 말하자 아저씨는 작업복이 좋다고 받았다.

어느 날 그 아저씨가 손님 둘과 함께 왔다. 기원에서 보았던 키가 훤칠하게 큰 남자와 보라색 와이셔츠를 입은 남자였다.

"나도 예전에 시를 쓰는 사람이 되고 싶었어요. 목구멍이 포도청이라서 시를 잊어버리고 살지만."

그렇게 말하며 남자는 벽에 붙은 글들을 보고는 들뜬 표정으로 덧붙였다.

"나도 한 자 씁시다. 매직과 종이 좀 주세요."
그는 이런 글을 썼다.

속풀이

> 늦게까지 오랜만에 윤달과 술을 마시며 회포를 풀고
> 나니 가슴이 후련하고 막혔던 오장 육부가 뚫리는 것
> 같다
> 집에 있는 그 사람에게 미안한 것은 사실이지만 그동안
> 막혔던 가슴이 시원해지니 사람 사는 의미가 느껴진다
> 밤길을 거닐며 약간 차가운 냉기를 느끼지만 봄의
> 기운을 받을 수 있어 좋다. 사람 사는 일이 별것인가

나는 같이 보라색 와이셔츠를 입은 남자가 결혼하지 않은 변호사라는 것을 이미 알고 있었다. 그는 예전에 혼자 우리 가게에 와서, 포장마차라고 생각하고 들어왔더니 누더기 음식점이네요, 하며 웃었다. 키가 큰 사나이는 이 남자와 직업이 같은 변호사였다.

두 변호사는 둘도 없는 친구였다. 항상 함께 다니며 문학 이야기며 인생 이야기를 했다. 결혼하지 않은 변호사는 얼굴에 구김살이 하나도 없었다. 그는, 자신들은 죄지은 사람들의 이야기를 많이 듣게 되는데, 선량한 사람들의 이야기를 많이 들을 수는 있는 이곳이 부럽다고 말했다.

그 노총각 변호사도 여러 개의 글을 썼지만, 찾을 수가 없

다. 가게에서 없어져 버리는 글들도 있는데, 가끔 글 주인이 나타나서 찾아달라고 하면 참 난감했다. 써서 붙인 글이 없어져서 더 이상 오지 않겠다는 사람도 있었다. 윤달의 글은 어느 곳인가에 꼭 있을 것이다.

나는 어떤 쪽지도 소홀히 하지 않는다. 그것들은 모두가 우리 우동집을 향해 손을 내민 소박한 사람들의 악수이기 때문이다. 처음에는 언론계에 있는 사람들에게서 지적받기도 했다. 글을 쓴다는 사람이 왜 말도 안 되게 쓴 글들을 붙여 놓느냐는 것이었다. 나는 그 말에 얼마나 가슴이 아팠는지 모른다.

"선생님, 잘 쓴 글은 서점에 있어요. 우리 집은 유명하거나 잘 쓰는 글을 받는 집이 아니에요. 소박한 사람들이 마음의 소리를 내어 노래를 불렀을 뿐이에요. 스스로 쓰고 싶어서 쓰는 마음을 나는 존중해요. 철자가 틀리고 문장이 안 맞더라도 그 안에 마음이 들어 있어요. 어떻게 선생님은 그런 말을 쉽게 할 수 있어요."

나는 그렇게 말했다. 버릇없이 대든 나 자신이 무안스러웠지만, 그네들은 나의 마음을 알아차리고 웃으며 다독거려주었다.

글을 받아서 붙이는 일에 관한 한 나는 독재자였다. 나는 글 한 조각도 소홀하게 대하면 가만있지 않았다. 술을 마신 사람이 남의 글 위에 낙서하면 나는 우동을 끓이다가도 달려나와 못 하게 했다.

3부 행복한 우동가게

"안 돼요. 남의 것 위에 쓰면 안 돼요."

그러면 처음에는 자존심이 상해서 나를 노려보기도 했지만, 결국 내 마음을 알고는 다시 가게를 찾아주었다.

사람들은 내가 세월과 함께 변했다고 말하기도 했다. 사람들은 내가 움직이지 않는 인형이기를 바라는 것 같았다. 그들은 변화를 싫어했다. 그만큼 우리 집을 좋아했고 우리 집에서 고향을 느끼고 싶어 했다. 하지만 그 마음을 알면서도 나는 버럭 화를 내기도 했다. 나는 나이를 먹어가는 사람이지 인형이 아니다.

변호사들은 아주 가끔 우리 집의 삐거덕거리는 문을 밀고 들어와 인생을 이야기했다. 두 변호사와 이 빠진 아저씨의 대화는 늘 끈적거리는 삶의 노래였다. 한 번은 퇴근길에 두 변호사를 만나 경품 게임방에 간 적이 있었다.

상가 주변에 게임방이 들어서고 있었다. 음식점이나 호프집이 하나둘 게임방으로 변해갔다. IMF와 함께 유행하기 시작한 게임방이 두렵게 느껴졌다. 게임방에서 도대체 무슨 게임을 하는지 궁금하기도 했다.

호기심이 발동하면 우리는 꼭 풀어야 했다. 우리는 수박과 참외꽃이 그려진 그림 맞추기를 배워서 게임을 시작했다. 선무당이 사람 잡는다고 미범이와 나는 점수를 많이 따서 선물을 받았다. 무엇이 게임방에 매력을 느끼게 하는지 도대체 이해가 가지 않았다. 그림 맞추기에서 점수를 많이 땄지만, 흥미를 느낄 수 없었다.

노총각의 환한 웃음과 문학을 좋아했다는 키가 큰 변호사의 속내 이야기를 뒤로한 채 조금 늦게 퇴근했지만, 나는 그들 덕분에 게임방의 추억 하나를 간직할 수 있게 되었다.

| 스물아홉 가락 |

수상한 도깨비

카키색 패딩 점퍼를 입은 머리가 덥수룩한 남자의 걸걸한 소리에 깜짝 놀랐다. 어디선가 본 듯한 얼굴이었다. 이국적인 스타일로, 검은 눈썹에 쌍꺼풀이 지지 않았지만 깊은 눈이었다. 생각이 깊어 보이는 사나이를 에워싸고 머리가 짧은 남자들이 몇 명 앉아 있었다.

꽃샘바람에 비가 내린 늦은 밤이었다. 가게를 닫고 들어가려고 간판 불도 내렸는데 그렇게 수상한 얼굴들이 도깨비들처럼 닥친 것이었다. 종일 우동을 끓이느라고 지칠 대로 지친 몸이었지만, 사나이의 강렬한 눈빛 앞에서 우리는 감히 이제 집에 들어가야 한다고 말할 수 없었다.

야속한 비는 더 세게 시멘트 바닥을 때리고 있었다. 나는 낯선 그들을 몰아내고 빗속을 한없이 걷고 싶을 뿐이었다. 모두 잠든 깊은 밤 퇴근할 때 내리는 비는 나에게 얼마나 감미로운지 모른다. 내 몸이 젖어도 상관없다. 집에 가서 개운하게 샤워하고 자면 되기 때문이다.

술에 많이 취한 사나이는 통가죽 신발을 신었고 아무렇게나 흐트러진 모습이었지만 어디 하나 어색한 곳 없이 잘 어울리는 옷차림을 하고 있었다. 반지르르하게 차려입은 모습이 아닌 자유스러운 분위기가 인상적이었다.

우동과 맥주 몇 병을 시킨 사나이는 굵은 목소리로 노래를 불렀다. 우리 집 어느 구석에 놓여 있는 기타를 찾아 들고 「향수」라는 노래를 부르기 시작했다. 정지용의 노랫말을 하나도 틀리지 않고 정확하게 부른 남자는 정지용이 태어난 연도며 시어 등에 대해서 하나하나 설명하기도 했다.

미범이는 부엌에서 설거지하다가 그 사나이를 칸막이 사이로 넌지시 쳐다보면서 말했다.

"은미 엄마, 저 사나이 너무 멋있어. 노래도 기가 막혀. 저 남자 텔레비전에서 가끔 봤어. 교육 방송에서 보긴 봤는데 왜 우리 집에까지 왔지. 아무튼 수상한 도깨비 같은 남자야."

미범은 그 사나이의 노래에 취해 피곤함을 금방 잊어버렸다.

"글쎄, 나도 어디서 본 듯하지만, 워낙 텔레비전을 보지 않으니 모르겠어. 외국 사람처럼 거칠어 보여. 하여간 나는 지금 집에 가고 싶어. 봄을 부르는 저 비를 맞으며 집에 가고 싶어. 레이스 달린 잠옷을 입고 실크 이불을 덮고 공주가 되어 자고 싶다고. 잠자는 숲속의 공주 말이야."

미범은 그 사나이에게서 눈을 떼지 못한 채 말했다.

"아휴, 오늘 비가 오는데 왜 잠잠하나 했더니 또 발작하시네. 비 맞으면 감기 들어. 감기 들면 이 우동집을 어떻게 하려고? 저 남자나 봐, 수상한 도깨비같이 생겼어, 저 사람 멋있는 사람이야."

그들은 좀처럼 갈 것 같지 않았다. 정지용의 시 「향수」를 저렇게 잘 소화하는 사람은 없을 것 같다는 느낌을 받았다. 하지만 같이 앉아 있는 남자들이 나에게 위압감을 주었다. 머리가 짧고 눈이 작은 남자는 경찰관 같았고, 얼굴이 작고 바바리코트를 입은 남자는 감찰 나온 사람 같아 보였다.

술에 취한 그들의 언행이 거칠어서 걱정하면서 나는 아주 낮은 목소리로 말했다.

"이제 우리 끝났습니다."

사나이는 내가 겁을 먹고 있다는 것을 눈치챘는지, 자신들은 나쁜 사람이 아니라며 안심하라는 말을 했지만 한참 동안 일어나지 않아서 속을 끓였다. 한참 뒤에 우동이 맛있다는 말을 남기고 그들은 빗속으로 사라졌다.

미범에게 내가 수상한 도깨비 같은 남자들이 감찰하러 다니는 사람들일 거라고 말했더니, 그녀는 고개를 살래살래 흔들면서 어떤 스포츠 종목의 국가대표 감독이라고 말했다. 하지만 평소 스포츠에 관심이 없는 나에게 감독이라는 그 사람은 여전히 낯설기만 했다.

비는 며칠째 이어졌다. 검은 느티나무는 무엇인가 심상치 않은 표정을 지었다. 봄을 많이 기다렸다고 말하는 것 같았다. 아직 푸른 기운을 느낄 수 없지만 검은 나뭇가지 곳곳에 숨어 있는 파란 잎들이 꿈꾸고 있었다. 눈에 보이는 것은 없었지만 어떤 꿈틀거리는 움직임이 느껴졌다.

그날도 집에 들어가려고 하는데 그 낯선 사나이들이 우르르 몰려왔다. 기운이 쫙 빠졌다.

"미범아, 우리 어떻게 해? 저 수상한 도깨비들이 또 왔어. 미범이가 잘못 본 거 아니야? 저 옷차림 봐. 심상치 않아. 국정원 사람일지도 몰라."

하지만 미범은 배시시 웃으며 말했다.

"은미 엄마는…… 겁도 많아서."

부엌에서 그들을 못마땅해하는데 그 사나이가 화장실을 가기 위해 부엌문을 지나갔다. 그는 내 모습에서 그날 밤처럼 두려워하는 기색을 느꼈는지 또 나에게 안심시키려고 말했다.

"아줌마, 우리 쫓아내지 마세요. 우리는 나쁜 놈도 도둑놈도 아니에요. 신분이 확실한 사람이니 걱정하지 마세요."

그리고 벽에 붙은 글을 보며 덧붙였다.

"아줌마, 이곳에 글을 붙일 수 있게 허락한 아줌마의 정서가 마음에 들어요. 분위기 참 좋네요. 우리는 밖에 있는 포장마차에서 먹다 보니 안이 이렇게 좋을 줄 몰랐어요. 앞으로 종종 올게요."

사나이는 차분한 목소리로 또박또박 말했다. 그는 씽긋 웃고 화장실을 다녀온 후에 이렇게 말했다.

"아, 길다. 화장실 가는 길이 뱀처럼 기네요."

그 후 그들은 간간이 우동을 먹으러 왔다. 어느 날에는 배달 가방을 들고 걸어가는데, 술에 취해 걸음걸이가 삐딱해 보이는 사나이가 불쑥 니디니 말을 건넸다

"우동집 아줌마, 나 알아요? 사람들이 아줌마를 시인이라

하대요? 우동 끓이는 시인……. 그 모습이 참 좋습니다."

느티나무 잎이 파릇파릇 제 눈을 떠서 잎이 되기를 원할 때 또 비가 내렸다. 비는 우동 국물에 간간해진 내 마음을 희석해 주었고, 나뭇잎에게 생기를 주었다. 그날 가게를 닫고 빗속을 걸어가는데 우산도 쓰지 않은 그가 도깨비처럼 불쑥 내 앞에 나타났다.

"아줌마, 우동 한 그릇만 말아주세요."

나는 비틀거리는 걸음걸이에 흰 운동화, 청바지, 면 티셔츠, 청조끼 차림의 더벅머리 남자를 아래위로 훑어본 뒤 말했다.

"우리는 문 닫았어요. 집에 가는 길이라 안 돼요."

그러고는 돌아서 버렸다. 우리가 한참을 걸어가는데도 도깨비 같은 남자가 비를 맞으며 느티나무 아래 서 있었다. 미범이는 뒤를 힐끔거리며 못마땅하다는 표정으로 투덜거렸다.

"은미 엄마, 너무했어. 은미 엄마는 가고 내가 끓여드릴 수 있잖아. 은미 엄마는 조금 독한 데가 있어. 배고픈 사람에겐 밥을 줘야 한다는 생각으로 우동을 끓이는 사람 아니야? 그런데 왜 그렇게 냉정하지? 사람을 그렇게 박대하면 안 돼."

미범은 금방 돌아서서 가게 문을 열러 갈 것만 같았다.

"미범아, 저 사람은 배가 고파서 오는 사람이 아니야. 우리 집 분위기 때문에 오는 사람이야."

그렇게 말했지만 내 마음도 미범과 함께 이미 돌아서고 있었다. 미범이 되돌아가서 가게를 열자 남자는 비틀거리는 걸음으로, 안으로 들어갔다. 나는 두 사람의 뒷모습이 아름답다고 생각하며 안으로 들어갔다.

굵은 빗방울은 더욱더 세차게 시멘트 바닥을 때렸다. 비는 떨어지면서 작은 물보라를 만들었다.

사나이는 우동 가락을 앞에 놓고 말하기 시작했다.

"아줌마, 고마워요. 서울에는 이런 우동집이 없어요. 술만 먹으면 이 집이 그리워요. 나는 외국으로 잘 나다니는데 외국에서도 이 우동 맛이 생각나요. 정말이에요. 사람 냄새가 나는 이 우동집이 좋아서 온 거예요. 나를 미워하거나 무서워하지 마세요."

빗물에 젖은 사나이에게 수건을 내밀고 빗소리를 들으며 우리는 마음의 문을 열었다.

그는 한 분야에서 최고가 되고 싶은 야망으로 인생을 보냈다고 말했다. 그렇게 평생을 열심히 노력해서 사십 대 후반에 국가대표 감독이 된 것이었다. 하지만 인기가 하늘을 찔렀던 국가대표 시절의 즐거움도 있었지만, 공인으로 평생을 살자니 여간 힘든 게 아니라고 했다.

동그란 공을 위해 열심히 뛰어오다가 어느덧 사십 대 중반이 되고 나니 가슴에 허전한 바람이 불어왔다. 국가대표 선수를 다루다 보면 돌아서서 외롭게 술을 마시고 담배를 피워야 할 때가 많았다고 했다.

밖에는 비가 계속 자락자락 내렸다. 아무도 움직이지 않았다. 천장에서 물방울이 떨어졌다. 허름한 임시 건물인 우리 집 안으로 하늘에서 내려진 비가 전해졌다. 찌그러진 양푼으로 빗물을 받았다.

똑, 똑, 소리를 내며 일정한 간격으로 떨어지는 비를 바라보며 그가 말했다.

"어린 시절이 생각나요. 할머니 집에 갔을 때 저렇게 비가 샜지요. 우리 할머니는 뜨개질을 잘했어요. 아줌마가 입고 있는 손뜨개 옷을 우리 할머니도 만들었어요."

순간 내 스웨터가 손뜨개라는 것을 알았다.

"저는 평소에 사람의 마음이 들어간 옷을 좋아해요. 그래서 수제품을 잘 입어요."

비둘기색 스웨터를 추켜올리면서 내가 말하자 그는 지그시 눈을 감고서 말했다.

"우리 할머니는 뜨개실로 메리야스를 떠주었지요. 중학교 시절부터 선수 생활을 했는데 땀이 나도 까슬까슬한 게 좋았어요."

"대한민국을 대표하는 분이 어떻게 이렇게 누추한 우동집을 좋아하게 되었는지 이해가 안 돼요."

미범은 커피를 마시며 반짝이는 눈망울로 물었다.

"술 취하면 가끔 내가 대한민국에서 일등이라고 말하지만, 사실 일등이란 정말 외로운 겁니다. 나는 어려서부터 대한민국의 일인자가 되어야 한다는 말을 많이 들어서 꼭 일등이 되어야 한다는 신념으로 살았어요. 물론 지금도 내 선수들에게 꼭 일등을 해야 한다고 교육하고 있어요. 그리고 나도 일등으로 내 생을 남기고 싶어요. 남자로 태어나서 나라에 크게 이바지할 수 있다는 건 좋은 일이지요. 하지만 이런 인생에는 삶의 여유랄까, 그런 게 부족해요. 그래서 난 이런 분위기를 좋아하지요. 최고 좋은 것, 일등만 있는 내 생활에는 부드러운 정서가 부족했어요. 이제 오십을 바라보는 나이이다 보니 더 그런 걸 느끼게 되나 봅니다. 감독 생활을 하면서 힘들 때 가고 싶은 곳이 있어요. 이해하기 힘들겠지만 바로 이 우동집이에요."

그는 이야기하느라고 폭 퍼져버린 우동 가락을 퍼먹기 시작했다. 우동 한 그릇이 다 비기까지는 꽤 긴 시간이 걸렸다. 날이 훤히 새도록 사나이는 이야기를 늘어놓았다. 그리고는 마침내 느티나무 아래로 사라져갔다.

나는 그때부터 사나이가 평생 목숨을 걸었다는 동그란 공에 관심을 두게 되었다. 스포츠란 승부욕을 부추기는 것이어서 내 취향에 맞지 않는다고 생각했던 고정관념이 깨지기 시작했다. 나는 이따금 느티나무 아래로 수상한 도깨비처럼 나타나는 그를 반갑게 맞았다. 스포츠맨은 별로 책을 읽지 않을 것이라는 생각도 깨졌다. 톨스토이의 『전쟁과 평화』에 나오는 주인공 이름까지 다 기억하는 사나이는 역사와 문학에 관심이 많았다. 우리는 느티나무 아래에서 차를 마시며 하늘의 별을 바라보기도 했다.

"우동 아줌마, 꼭 멋진 글을 쓰세요. 나는 믿어요. 아주 멋진 글을 쓸 수 있는 분이라고요."

살랑거리는 나뭇잎을 바라보고 있던 나는 말했다.

"나는 그냥 우동 끓이는 아줌마일 뿐이에요. 글을 쓴다는 생각을 잊은 지 오래예요. 나 말고 글에 목숨을 걸고 사는 사람들이 얼마나 많은데요. 나는 먹고사는 데 목숨을 걸었을 뿐 글은 그냥 바라보는 사람으로 남을래요."

사나이는 가끔 도깨비처럼 불쑥 나타나 내 속에 숨어 있는 감성을 건드렸다. 내 속내를 훤히 들여다보는 듯했다. 겉으로는 아무렇지 않게 넘겼지만, 글을 쓰라는 그의 말은 아프게 와 닿았다. 내 속에 우동 끓이는 아줌마가 아닌 다른 사람이 숨어 있다는 생각이 들었다. 대한민국 최고의 스포츠 감독, 수상한 도깨비 닮은 남자가 이 허름한 우동집에 와서 우동을 먹고 가는 그 마음을 느티나무는 오래도록 기억할 것이다.

밤 지새우고 못 잊어 우동집

길게만 느껴지는 채를 들고
하얀 공 쫓던 어린 시절
이제 그 채가 밥숟가락이 되어
서로 차지하겠다고 싸우는
내 모습이 한심하구나

다시 어린 시절로 돌아가
그저 아무 생각 없이
동그란 공 쫓아다니고 싶구나.

| 서른 가락 |

집은 더러운데 우동은 왜 이렇게 맛있어?

허름한 식탁에 앉아 이제 말을 갓 배운 듯한 아이가 입을 열었다.
"아빠, 이 집은 왜 이렇게 지저분해?"
여자아이는 목소리가 또렷했다.
"응, 이 집은 시인 아줌마네 집이야. 지애야, 여기 책 좀 봐."
그러면서 아이 아빠는 그림책을 꺼내주었다. 아이 엄마는 나의 눈치를 보며 미안해했다. 나는 아이가 하는 말이 귀여워 머리를 쓰다듬어주었다. 아이는 책을 또박또박 읽었다. 엄마를 닮은 맑은 눈동자와 아빠의 따습고 부드러운 미소를 가진 지애는 동화책을 보며 이야기를 만들기 시작했다. 아직 한글을 깨치지 못해 그림을 보며 신나는 이야기를 엮어가고 있었다. 가만히 들어보면 그것은 하나의 동화였.
어찌나 영특한지 나는 그 아이가 오면 꼭 말을 걸었다. 나는 요정처럼 귀여운 아이에게서 행복을 느낄 수 있었다.

우동집 하기 전, 나는 지애 아빠, 지애 엄마와 같은 아파트에 살았다.
잘살던 시절 사람들이 모두 내 곁에서 떠났다고 생각하고 속이 많이 상했을 때, 키가 훤칠하게 크고 피부가 하얀 지애 아빠와 윤이 나는 긴 머리에 그윽한 눈매가 아름다운 지애 엄마는 나의 힘든 상황을 알고 어떻게 하면 도와줄지 신경을 쓰고 있다는 것을 알 수 있었다. 가게 문을 열 때 덜커덩거리는 가게 문을 지애 아빠가 고쳐주었고. 가게 안에 장판이 떨어져서 너덜거린다는 것을 알고 새로 깔아 주었다. 그리고 지애 엄마와 아빠는 지인들에게 돌 우동이 맛있다며 소문을 내어 손님들을 몰아 주기도 했다. 지애 아빠와 지애 엄마는 정말 어질고 착한 젊은 부부로 나에게 큰 힘이 되었다. 귀한 품위를 풍기는 부부는 가끔 지애를 안고 돌 우동을 먹으러 왔다.

그럴 때마다 지애는 먼지가 묻어 있는 동화책을 보며 이야기를 기가 막히게 만들어 말을 했다. 얼마나 신통했는지 모른다. 먼 훗날 지애가 크면 어떤 아이가 될까. 맑고 밝은 아이의 미래를 상상하곤 했다.

지애 아빠는 호탕한 웃음과 선한 눈빛으로, 충주에서 건축 사업을 하면서도, 시내에서 제일 큰 '암스트롱'이란 레스토랑을 음악과 시와 더불어 했다. 충주에 문화와 예술을 위하여 봉사한 것이다. 돈과 상관없는 사업을 하면서 암스트롱에서 우리 딸과 친구들이 아르바이트했는데 메뉴에 있는 비싼 음식을 마음대로 먹게 해주었고 시급을 넉넉하게 주어서 정말 인간적으로 감사하다고 말했다. 지애 아빠는 우리 가게 안에 올 때마다 음식에 전문성을 갖추어야 한다면서 돈가스 튀길 때 집게로 돈가스를 허공으로 올리지 말고 꼭 기름

안에서 뒤집어야 한다는 조언을 해주었다. 돈가스 튀길 때마다 나는 지애 아빠가 많이 생각난다. 어렵고 힘든 나에게 따스한 마음으로 다가왔던 지애네 가족은 나에게 잊을 수 없는 우동집 단골이었다.

한 번은 지애가 우동을 먹고 나서 말했다.
"아빠, 집은 더러운데 우동은 왜 이렇게 맛있어?"
지애 아빠는 대답했다.
"이곳에 아줌마가 우동을 맛나게 끓여서 손님들이 너무 많이 와서 복잡해서 그런 거란다. 아이고 우리 지애가 시인의 집에 와서 시인이 다 되었네."
지애 아빠의 말에 나는 큰소리로 웃었다.
이 깜찍한 말은 어린아이만이 읊을 수 있는 시였다.
그 말에 반해 나는 지애가 올 때마다 말을 걸었다.
"지애야! 여름 되면 아줌마가 아이스크림을 백 개 사줄게."
그러면 아이는 이렇게 대꾸했다.
"아이스크림 백 개 먹으면 배 아파요. 하나만 사주세요."

아이들은 나에게 힘을 준다. 지애뿐만이 아니다. 다리가 퉁퉁 붓도록 일을 하고 있을 때, 어린아이들이 가게로 들어오면 금방 피로가 풀린다.
그들은 칸막이 너머로 나를 보고 웃는다. 그들을 보면서 나는 생각해 본다. 아이들은 알고 있다고, 아직 순수한 그들은 자신에게 해를 주지 않는 사람을 볼 줄 안다고.

아이들은 김밥을 말고 우동 위에 유부를 올리면서 자신들을 쳐다보는 나의 마음을 알고는 씽긋 웃으며 화답한다. 나는 음식을 나르면서 아이들 볼을 살짝 건드리며 장난을 치기도 한다. 아이들은 나를 보고 방긋방긋 웃는다. 웬만한 아이들은 내가 안아 올리면 나에게 자신을 맡긴다.
"이상하네요. 우리 집 아이가 낯을 가리는데요."
부모로부터 그런 말을 듣기도 한다.
아이들에게 내가 빠질 수 있다는 것은 상큼한 일이다. 부모들이 나의 행동을 상술이라 생각할까, 걱정이 되기도 하지만, 부는 바람과 흔들리는 나뭇가지가 자연스럽듯이, 나는 내 속에서 솟아나는 마음을 어쩔 수 없다.
우동을 끓이면서 멋진 지애네 가족을 비둘기 가족이라 불렀다.
내가 살다가 가장 힘들고 속상했을 때 지애 엄마, 아빠가 나 잘되기를 간절히 바랐던 그 마음을 가슴 깊이 간직하며 살고 있다. 눈물 나게 고마운 이야기가 있지만, 이곳에 털어놓기는 너무 가슴이 아파 참아야겠다.
행복하고 더 행복한 지애가 무럭무럭 자라서 세상에서 가장 아름답고 멋진 딸이 되어 세상의 빛이 될 거라는 확신하고 살았다.
집은 더러운데 우동이 왜 이렇게 맛있냐는 지애의 말을 고달프고 속상할 때 생각하며 활짝 웃는다.

| 서른한 가락 |

춤추는 느티나무

시인의 공원 느티나무는
우동집 집을 들여다보다가
바람 따라 요리조리 몸을 비틀며
춤을 추기 시작한다.
지루해지면 화끈하게
우동집 비닐 문을 뚫고 들어가
나뭇가지를 흔들며 충주 아리랑을 부른다.

"아줌마, 지금 아줌마네 느티나무가 춤을 추고 있어요. 붉은 옷을 입고 춤을 춘다고요."
한 아이가 와서 나를 보고 웃으며 말했다.
"어머나, 네가 시인이로구나. 어떻게 느티나무가 춤을 추고 있다는 것을 알았니?"
아이의 볼에 붙은 태극기를 만지며 물었다.
"아줌마가 이 집에 들어오면 모두가 시인이 된다고 그러셨잖아요. 붉은악마 옷을 입고 월드컵 4강을 응원하고 있으니, 느티나무가 춤을 추지요. 아니, 사람들이 춤을 추는 것을 느티나무가 따라 추지요."

아이는 아빠의 사업 부도로 엄마가 집을 나가 아빠와 단둘이 사는 게임방 아들이었다. 중소기업의 부도는 기업만 망하고 마는 것이 아니었다. 가정까지 파괴되었다. 부도의 후유증은 가족을 한곳에서 살 수 없게 만들었다. 다들 기가 막힌 사연들을 안고 살아갔다.

아이는 붉은 티를 입고 붉은 두건까지 두르고 월드컵이 무엇인지조차 모르면서 응원하는 사람들 틈에 끼어 좋아했다. '시인의 공원'으로 이름이 붙은 이 공원에 사람들이 꾸역꾸역 몰려오고 있었다. 가끔 시낭송회를 할 때도 이렇게 많은 사람을 만날 수 없었다. 월드컵 음악이 공원에 울려 퍼지며 사람들의 마음이 하나로 모이고 있었다. 어느 전자 회사의 후원으로 대형화면이 설치되었다.

붉은 옷을 입은 사람들이 손뼉을 치고 대한민국을 외치며 응원했다. 다른 아이들이 부모와 함께 나와 있었지만, 그 아이 옆에는 엄마가 없었다. 대신 오 변호사가 아이의 손을 잡고 춤을 추고 있었다. 아이는 활짝 웃으며 덩실덩실 춤을 추었다.

오 변호사는 누구보다도 아이를 잘 알았다. 회사가 부도났을 때 그가 도와주었기 때문이다. 그는 이런 글을 썼다.

    낮에 만났던 사람 모두 용서하세요.
    지금 맞닥뜨린 저도 용서하세요.

술을 먹으면 노래를 잘하는 오 변호사는 법률 일을 하면서 삶의 애환 속에 끼어 들어가 슬픔을 노래했다. 문학에 관심이 많아 책을 많이 읽어서 좋은 시며 좋은 소설을 알려주곤 했다. 늦은 시각 술에 취해 공원 느티나무 아래서 인생을 노래하기도 했다.

아이의 손을 잡고 춤추던 오 변호사가 요즈음 아이 아빠가 보이지 않는 이유를 가르쳐주었다. 몇 년 전의 부도수표가 돌아와 기소되어 충주 경찰서에 구속되었다는 것이었다. 변호사는 이제 고아가 된 아이가 오갈 곳이 없어서 자기 집에서 보호해 주고 있다고 했다.

세상 이럴 수가. IMF 때문에 부도난 지가 벌써 몇 년인데 지금까지 그 책임을 져야 한다니. 그 시절에는 중소기업을 지키고 있는 사람들을 애국자라고 하곤 했다. 부도가 난 후 은행에 들러 우리 회사 이름을 대자 어느 젊은 청년이 말했다.

"사모님, 그동안 얼마나 고생이 많았어요. 사모님 회사 내용 제가 잘 알고 있습니다. 대기업의 횡포로 사모님 댁 재산을 모두 바쳐도 역부족이었지요. 정말 미안합니다. 그토록 극복해 보려 노력했지만 결국 무너지고 말았습니다. 지금은 중소기업이 살아남을 수가 없어요. 중소기업 사장님들 모두 이 시대의 애국자입니다."

그 청년은 상사의 눈치를 살피며 통장에 남아 있는 아주 적은 돈이라도 챙겨주려 애썼다. 온몸에 힘이 다 빠져버렸던 나는 그 청년의 얼굴을 잊을 수 없다.

부도가 나던 날, 친구 희수를 남편이 전화로 불렀다. 희수는 나 모르게 남편을 만났다. 몇 푼의 돈이 들어 있는 하얀 봉투 하나에 나와 아이들을 부탁한다는 말 한마디를 남기고 우리 남편은 밀가루 입자처럼 사라졌다. 그때 사업을 했던 내 동료 친구들은 정신병원에 가 있기도 하고 집을 나가 떠돌기도 했다. 술과 담배, 남자를 만나며 어두운 거리를 헤매는 가슴 아픈 사장 부인들을 만나기도 했다.

IMF 때 아이의 아빠도 우리 아파트에 살았다. 나는 아이의 엄마도 잘 알았다. 그때는 충주에서 누구라 하면 모르는 사람들이 없었다. 그렇게 젊음을 불태우며 사업을 했던 사람들이 열 명 중 일곱 여덟은 쓰러졌다.

모르는 사람들은 집을 나간 아이의 엄마에게 돌을 던질지도 모르지만 나는 그 여자를 이해할 수 있다. 옳다고 인정해 줄 수는 없지만 그럴 수밖에 없었던 그 사연을 알기 때문이다. 하늘 아래 엄마와 아빠가 버젓이 살아 있는데도 함께 살 수 없는 아픔은, 직접 겪어보지 않고서는 이해할 수 없을 것이다.

아이는 오 변호사 손을 잡고 한참 응원하다가 삐거덕거리는 문을 밀고 들어와 물을 마셨다. 오 변호사는 아이의 이마에 흐르는 땀을 손수건으로 닦아주며 말했다.

"강 시인, 사람 사는 일이 그렇고 그렇지요. 이 아이가 월드컵이 무엇인지 모르고 좋다고 하듯이 아직 인생을 모르고 사는 것 아니겠어요?"

오 변호사는 피도 눈물도 없는 법조인이 아니었다. 법적인 논리만 내세우는 사람이 아니었다. 가슴속에 따뜻한 피가 흐르는 보통 사람이었다. 공원에서 고장 난 녹음테이프처럼 못 부르는 노래를 계속 부를 수 있는 끈끈한 정이 있는 사람이었다. 이렇게 따스한 가슴을 안고 살아가는 사람들이 있으니 우리는 더 깊은 절망에 빠지지 않고 희망을 품고 살아가는 것이 아닌가.

가슴 뜨겁게 4강으로 달구던 월드컵은 조용히 막이 내렸다. 아름다운 패배라는 아나운서의 말이 귀에 여운으로 남았다. 아이의 손을 잡고 느티나무 사이로 사라진 오 변호사가 여간 고맙지 않았다.

느티나무는 사람들이 떠난 후에도 바람을 타고 너울너울 춤을 추고 있었다. 내 아이들이 갑자기 머리 긴 처녀와 키가 큰 청년이 되어 '오 필승 코리아'를 외치며 나에게 달려왔다. 눈과 마음이 깊은 딸아이는 이제 대학생이었다.

"엄마는 정말 다른 엄마에 비해 몸과 마음이 늙지 않았어. 친구들이 엄마가 친구 같아서 얼마나 좋으냐고 늘 부러워해. 우리가 이제 아껴 쓰고 공부 열심히 해서 장학금을 받을 테니까 몸 생각해서 일을 조금씩만 해요."

아무 옷이나 잘 어울리고 그림을 잘 그리는 솜씨 좋은 멋진 아들은 말한다.

"어머니, 제발 일요일은 쉬세요. 과로하면 우리가 가슴이 아파요. 내가 다음에 출세해서 어머니에게 어울리는 멋진 집을 지어주고 싶어요."

"먼 훗날, 엄마는 눈 오는 날이나 비 오는 날이면 꼭 이 느티나무 밑을 그리워할 거야. 너희들 중고등학교 시절에 이곳에서 사느라고 밥도 제대로 못 챙겨주었다고 말하며 미안해할 거야. 하지만 너희들이 이렇게 느티나무처럼 튼튼하게 마음과 몸이 잘 자라주었으니 더 바랄 게 무엇이 있겠니."

우동집에 엄마를 빼앗기고 두 아이는 청소년 시절 외로움을 많이 느꼈을 것이다. 어른들의 부도는 아무것도 모르는 아이들에게 많은 상처를 남긴다. 빗물에 젖은 느티나무 잎처럼 무성하게 자란 우리 아이들을 보며 지금 오 변호사가 데리고 간 그 아이를 생각했다.

| 서른두 가락 |

그 아이가 보고 싶다

우리는
안 보고도 알잖아
말이 없어도
사랑하는지
안 하는지

  시인의 공원 앞집에서 가락국수를 끓이다가 나는 틈만 나면 공원의 녹슨 의자에 앉았다. 하늘거리는 느티나무 잎을 보며 휴식을 취한다. 갑자기 내가 앉았던 자리에 두툼한 빨간 스타킹을 신은 아이를 안고 있는 남자가 눈에 들어온다. 낡은 배낭에 무슨 사연을 담아 메고 아이를 안고 여기까지 나왔을까, 초여름 햇살은 포근하고 따뜻한 표정을 지우고, 따갑고 거칠다. 가게 안에서 칠성사이다 하나를 들고 남자 앞으로 갔다. 마흔 초반의 남자는 물끄러미 나를 쳐다본다.
  삶의 끈을 놓아 버리지도 않았고, 꼭 잡아 동여매지도 않은 무심한 표정으로 느티나무 잎을 보듯 나를 바라보며 사이다를 받아 마신다. 남자 품 안의 여자아이가 땀에 젖은 목소리로 운다. 가게 안에서 물수건을 가져와 아이의 얼굴에 축축한 땀과 눈물을 닦아 주며 아이를 자연스럽게 받아 안고 가게 안으로 데리고 들어와 선풍기를 틀어주고 시원한 물을 주며 토닥거린다. 김밥과 가락국수를 먹이며 아이를 꼭 안아 본다. 어디에서 무엇을 하다 어떻게 여기까지 왔느냐는 말을 물을 수가 없다. 남자는 가게 안에 앉아 그저 아이가 혹시 잘 못될까 봐 집중할 뿐이다. 서너 살은 되어 보이는 아이는 말은 하지 않지만 나를 보고 해맑게 웃는다.

오랫동안 우동을 끓여온 나는 늘 한 번쯤 누군가가 우리 집에 아이를 두고 가지 않을까 하는 상상을 하곤 했다. 텔레비전에서 베이비 박스에 아이를 두고 간 엄마들을 보면서 어느 날 우리 가게 앞에 누군가의 아이가 울고 있을 것 같은 생각에 젖곤 했다. 그래서 서울에 있는 언니에게 만약 누군가 아이를 놓고 가면 나는 그 아이를 우동 아이라 생각하며 아이를 업고 우동을 끓이고 싶다고 말했다. 언니는 또 내가 몽상가가 되어서 기가 막힌 소리를 한다면서 절대로 그런 일을 해서는 안 된다고 말했다. 언니는 내가 아이를 키울 조건과 능력을 갖추지 않았고, 무슨 고생을 사서 하려고 그런 엉뚱한 생각을 하느냐 큰소리로 나무랐다. 그런데 오늘 만난 아이는 순한 느티나무 잎처럼 나에게 부드럽게 안겼다. 큰길가에 있는 아이들 옷 가게로 아이를 안고 가서 땀과 소변 냄새가 배어 있는 축축한 빨간 스타킹을 벗기고 시원한 꽃무늬 원피스를 사 입혔다. 그리고 아이를 업고 가게 안으로 들어왔다.

남자는 물끄러미 아이를 바라봤다.

"며칠이라도 내가 아이를 돌볼게요. 젊은이가 자리 잡을 때까지 데리고 있을게요."

이미 준비가 돼 있는 극본처럼 당당한 목소리로, 마음에 있었든지 없었든지 나도 모르게 불쑥 말했다. 남자는 갑자기 눈에 붉은빛을 발하며 아이를 덥석 끌어안으며.

"사실 저는 코로나 시절에 운영하던 횟집이 망해서 빚만 잔뜩 지고 문을 닫았지요. 돈을 벌기 위해 닥치는 대로 막일을 했지만, 생활비와 빚 이자 때문에 헤어날 수가 없었어요. 겹벌이로 보이스피싱인지 모르고 돈 심부름을 하다가 잡혀서 수감되었습니다.

감옥에서 나오는 날, 아내가 화가 잔뜩 나서 아이를 내 앞에 놓고 가버렸어요. 그래서 아이를 데리고 제천에 홀어머니가 사는 집으로 가던 중입니다. 수감 생활하면서 그곳에 놓인 아줌마가 쓴 『행복한 우동가게』란 책을 읽고 일부러 이곳을 찾아온 것입니다. 죄송하지만 제가 지금 아이를 데리고 제천까지 갈 차비가 없으니 오만 원만 빌려주세요. 그 은혜는 잊지 않고 꼭 갚겠습니다."

아이를 끌어안은 남자의 눈에는 검붉은 눈물이 고여 있다. 그 남자의 배낭 안을 언뜻 보니 감옥에서 신었던 김ㅇㅇ라는 이름이 새긴 실내화가 있었다.

몇 푼의 돈을 배낭 주머니에 넣어주고 나는 검푸른 느티나무 아래 앉아 있다. 왜 이토록 아프고 슬픈 사람들이 시인의 공원 안으로 찾아오는 것일까. 하기야 나도 춥고 배고프던 시절에 먹고살기 위해서 이곳에 나왔다가 문득 느티나무를 벗으로 삼아 살아가고 있지 않은가. 등 따습고 배부르던 시절에 만날 수 없었던 또 다른 나를 만난다. 그 남자의 아이가 벗어놓고 간 빨간 스타킹을 해 질 녘에 빨아 느티나무 가지 위에 널어 말린다. 느티나무가 바람에 힘을 모아 빨리 마르지 말라고 기도한다.

그 아이의 기다란 양말을 시인의 공원 느티나무가 신고 있어야 한다. 그래야 그 아이가 나를 찾아오지 않을까? 느티나무가 바람에 힘을 덜어내고 햇볕에 열을 빼서 빨간 스타킹이 색도 바래지 말고 물기를 잃지 않아야 한다. 오롯이 촉촉한 엄마의 젖 냄새가 스며들었으면 좋겠다. 나는 느티나무 위에서 그 아이를 수호하는 삼신할머니에게 말한다.

"그 아이가 빨간 스타킹을 신겨 달라고 목이 쉬도록 마구 울어서 느티나무 아래로 나를 찾아왔으면 좋겠어요. 아이의 생명을 점지해 준 삼신할미! 내 마음을 알지요. 배시시 웃었던 그 아이가 많이 걱정되고 보고 싶지만, 아이를 떠난 엄마가 그 아이를 안고 시인의 공원으로 오게 해줄 수 없을까요?"

작가 후기

비가 온다. 나뭇잎에 떨어지는 빗줄기를, 손을 내밀어 받아본다. 홀가분하면서 쑥스럽기 그지없다. 얼굴이 발갛게 달아오름을 느낀다. 이렇게 찬비가 내리는 날이면 나는 우동을 끓일 수가 없었다. 눈이 펑펑 쏟아지는 날에는 가슴이 두근거려서 우동을 끓이다가 불에 손을 많이 데었다. 김밥을 썰다가 칼에 베이기도 했다. 머릿속으로 소설을, 창작을 생각할 때마다 꼭 이런 사고가 났다. 그럴 때마다 문을 밀치고 우산 없이 빗속으로 나갔다. 앞마당처럼 서 있는 공원 구석에 앉아서 비를 맞았다. 하지만 빗물이 내 몸뚱어리를 촉촉이 적실수록 영혼의 갈증은 더했다. 이처럼 하늘에서 떨어지는 빗물과 눈송이에 마음과 몸을 다 빼앗기면서도 지극히 부지런한 우동 아줌마가 되어 살았다. 잠시 내가 사라지면 사람들은 나를 찾아 나섰다. 나를 아는 사람들은 공원의 낡은 벤치로 찾아들었다. 이곳도 내 몸을 숨기기에는 적합하지 않았다. 그럼에도 이 공원에서 나는 느티나무들과 대화를 나누기 시작했다. 많은 사람을 만나면서 얻은 삶의 애환을 이곳에서 털어놓기 시작했다. 사계절 느티나무는 나를 버리지 않았다. 언제나 피로에 지친 몸과 마음을 포근하게 안아주었다.

타인에게 잘못 말했다가 혼이 날지도 모를 말들을, 느티나무를 향해 중얼거리기 시작했다. 그러고 나면 평화로움을 느꼈다. 자연 그대로, 놓여 있는 그대로 살자. 살랑대는 느티나무 잎에 입을 맞추면 내 갈증 난 영혼에 수분이 피어오르기 시작했다.

이 구석 자리에서 오래도록 많은 삶이 깃들인 우동집을 멀거니 바라보았다. 떨어진 나뭇잎처럼 수없이 많은 사람의 말들이 하나둘 우동집 안에 쌓여갔다. 사람들이 남기고 간 말들을 나는 홀대하듯 그냥 내버릴 수 없었다. 따듯한 가슴으로 보듬어주어야 한다고 생각했다. 그러지 않으면 내 마음이 아파져 올 것만 같았다.

어느 날인가부터 이런 내 삶이 지극히 소설적이라는 것을 느꼈다. 다양한 말들을 남기고 간 사람들의 하나하나의 삶 또한 소설과 다르지 않음을 알게 되었다. 문학에 목숨 거는 이들에게는 미안한 이야기지만 나는 스스로 문학 장르 하나를 더 만들어냈다.

우동 소설, 이라고.

안 쓰곤 못 배기는 이상한 우동가게 아줌마는 어느 날인가부터 우동을 끓이다 조금만 짬이 나면 글을 쓰게 되었다. 무언가 쓰고 있노라면 어깨뼈가 시리도록 녹아드는 느낌이 들었다. 시간을 내어 어딘가로 숨어 들어가 맘껏 써보라는 친구의 조언도 있었다. 하지만 그것은 내게 무리였고 사치였다. 먹고살기 위해 우동을 끓여야 하지만 그렇게 하면, 이 같은 분위기가 나지 않을 것이라는 생각이 들었다.

    어린 시절부터 사람의 마음을 잡아끄는 좋은 소설책을 꼭 내 이름으로 쓰고 싶은 꿈이 있었다. 하나 지금 그 꿈은 미망과 욕심이었다는 새로운 사실을 깨닫게 되었다.
    예사롭지 않게 중소기업을 운영하던 남편의 부도로 이곳에 오게 되었다. 인생은 연극이라는 말처럼 이곳에서 만난 사람들과의 인연을 쉬이 연극이라 받아들이고 싶었다. 그렇지 않으면 이 엄연한 현실을 거부하는 섣부른 내 감성을 억누르기가 쉽지 않았기 때문이었다. 늘 느티나무 아래에서 "나무야! 인생은 연극이지. 그렇지? 그러니까 나는 슬퍼하지 않아."
    하며 우동을 끓였다.
    덕지덕지 온 가게 안이 사람들이 남긴 말로 도배가 되고 쌓이기 시작했다. 이 말들은 삭일 수 없는 진통처럼 내게 다가왔다. 몇 번이고 망설이고 망설이다가 이제야 입을 열었다. 나 스스로 토해낼 수밖에 없는 말들이었다. 하지만 은근히 겁이 났다. 내가 쏟아낸 것들이 주위에 해가 되면 어떻게 할까? 하지만 달이 차면 기운다고 나는 우리 가게에 남겨진 많은 말들이 진정 사람 냄새가 물씬 풍기는 것들임을 알았기에 이곳에 내뱉었다.
    그들의 애환을 여기에 써내놓고 나는 허무함을 깨달았다. 하지만 이것들을 외면한 채 모르는 척 돌아설 수 없었다. 이 말들은 꿈틀거리며 저런 세상 밖으로 나가고 싶어 안달하는 것 같았다. 그런 부추김이 내 우유부단함을 떨쳐 버리게 했다.

  글을 향한 그리움에 애태우던 시절, 이현주 목사님을 만나 글쓰기 공부를 하게 되었다. 털털한 내 글솜씨는 늘 지적받았고, 혼이 나서 때려치우고 싶었다.
  오랜 세월이 흐른 후, 이현주 목사님이 이제 글을 써보라는 권유를 하셨는데 이현주 목사님께 잘 보이고 싶은 마음에, 이 글을 써 놓고도 시침을 떼고 말았다. 내 삶의 치열한 순간 속에서, 또 다른 내가 척박하게 움직이는 것 같아서 부끄러운 생각이 들었다. 글 쓰는 마음가짐을 깊이 공부했던 시절.
  감히 이현주 목사님께 꼭꼭 숨겼던 이 책을 드릴 수 있을지….
  당신의 머릿속에 소설을 쓸 수 있는 뇌가 하나 더 들어 있으니 열심히 해보라고 토닥거려주셨던, 『녹슨 해방구』를 쓰신 권운상 선생님이 오늘따라 무척이나 뵙고 싶다. 소설을 쓰다가 까맣게 죽어버린 그 남자의 무덤을 생각한다. 멋모르고 소설 쓰고 싶었던 한 소녀의 꿈은 그 자신의 삶을 여기까지 이끌었고, 여기 우동 가게를 드나든 모든 이들의 삶까지 소설을 닮게 했다.

  찬비에 온몸을 내맡긴 채 아무 말도 하지 않고 있는 저 느티나무에게 조금 미안한 생각이 든다.

"느티나무야! 미안해. 너에게만 들려주고 싶었던 이야기를 꺼내버리고 말았어. 하지만 이런 기분에 들뜨면 안 된다고 내게 말해 줘, 우동 끓이는 데 큰 지장이 있을 테니까."